KB254069

바로간다
현대차

바로간다 현대차

초판 1쇄 발행 | 2015년 9월 1일

지 은 이 | 고태봉, 이재호
발 행 인 | 김영희
기　　획 | 신현숙, 하순영
마 케 팅 | 권두리
편　　집 | 박지혜, 최은정, 변호이, 김민지
디 자 인 | 문강건, 한동귀, 박성민
발 행 처 | (주)에프케이아이미디어(프리이코노미북스)
등록번호 | 13-860호
주　　소 | 150-881 서울특별시 영등포구 여의대로 24 FKI타워 44층
전　　화 | 출판콘텐츠팀 | 02-3771-0435 영업팀 | 02-3771-0245
홈페이지 | www.fkimedia.co.kr
팩　　스 | 02-3771-0138
E - mail | rommi10@fkimedia.co.kr
I S B N | 978-89-6374-114-7 13320
정　　가 | 1만 1,000원

◆ 낙장 및 파본 도서는 바꿔 드립니다.

◆ 이 책 내용의 전부 또는 일부를 재사용하려면 반드시 FKI미디어의 동의를 받아야 합니다.

◆ 내일을 지키는 책 FKI미디어는 독자 여러분의 원고를 기다립니다. 책을 엮기 원하는 아이디어가 있으면
　hsshin@fkimedia.co.kr로 간략한 개요와 취지를 연락처와 같이 보내주십시오.

이 도서의 국립중앙도서관 출판예정도서목록(CIP)은 서지정보유통지원시스템 홈페이지(http://seoji.nl.go.kr)와
국가자료공동목록시스템(http://www.nl.go.kr/kolisnet)에서 이용하실 수 있습니다. (CIP제어번호 : CIP2015021024)

바로취업 시리즈 ❷

바로 간다 현대차

베스트 애널리스트의 분석과
취업멘토 교수의 가이드

고태봉·이재호 지음

프리이코노미북스

취업에 왕도는 없지만
바른 길은 있다

사실 취업 준비에 왕도王道가 있을까 싶습니다. 준비한 내용은 같아도 면접관의 성향이나 기호에 따라 그리고 지원자의 당일 컨디션에 따라 당락의 결과가 달라지기도 하는 것이 취업이기 때문입니다. 하지만 면접과정이 다면화·다층화될수록 이런 운運의 요소는 점점 희박해지게 됩니다. 최근 주요 대기업들은 선발의 변별력을 높이기 위해 인·적성 테스트 도입은 물론 자소서를 직무에세이 형식으로, 면접을 합숙 형태의 집합면접으로 전환하였습니다. 여러분도 당연히 이런 채용 프로세스가 탈脫스펙을 위한 것임을 잘 알고 계실 겁니다. 하지만 탈스펙을 위해서 무엇이 가장 필요한지에 대한 인식은 부족한 것 같습니다. 사진, 어학점수, 자격증, 수상 경력, 교환학생 경험 등과 같은 것을 안 본다면 과연 무엇으로 지원자의 역량을 평가할 수 있다고 생각하시는지요?

결국 서면書面과 대면對面 과정에서 지원자의 간절함과 준비 상태로 판단할 수밖에 없습니다. 간절함이란 먼 길을 함께 가도 좋겠다는 확신을 주는 것이고, 준비 상태란 희망 회사에 지원하기 위해 구체적으로 얼마나 많은 고민과 탐구활동을 했는가에 의해서 결정됩니다. 그래서 집합면접장에 들어가면 상황 케이스를 주고 전략이나 아이디어를 도출해보라는 질문이 빈번하게 출제됩니다. 사실 전문가도 이런 질문을 제한된 짧은 시간에 소화하기 어렵습니다. 해법은 면접관이 무엇을 기대하는지를 간파하는 데 있습니다. 입사를 위해 많은 고민을 해봤다면 그래도 '나름의 답을 하지 않을까'라는 면접관의 기대를 충족시키는 것 말입니다.

그래서 취업을 제대로 준비하기 위해서는 기업에 대한 이해가 전제되어야 합니다. 시간에 쫓기다 보면 기업 분석의 필요성은 인정하지만 엄두가 나질 않는다는 생각이 드실 겁니다. '급할수록 돌아가라'는 속담이 있습니다. 급하면 무엇을 해도 몰입할 수 없다는 의미일 것입니다.

본 기업분석 시리즈는 취업 포털의 채용 공고문을 확인하는 순간부터 시작해도 전혀 무방합니다. 서류 심사에서 최종 면접까지 1개월에서 2개월의 기간 동안 본서를 활용하는 것에 시간적 부족함을 느끼지 않을 것입니다. 1장 산업 파트만 읽어도 기업을 분석하는 것에 대한 막연함에서 벗어날 수 있습니다. '멘토의 팁'과 '관련 자료 찾아보기' 코너를 곁들인 이유가 바로 여기에 있습니다. 애널리스트의 친절한 설명과 멘토의 가이드를 따라가다 보면 어느새 회사를 보는 안목이 생기는 것을 깨닫게 될 겁니다. 면접관이 무엇을 중요하게 생각하는지 알게 되므로, 자소서에 어떤 소재를 활용해야 할지 면접에서 어떤 부분을 언급하고 강조해야 할지 자연스럽게 알게 됩니다. **왕도는 없다고 했지만 바른 길은 있습니다. 바로 가는 취업을 원한다면 지금 바로 첫 페이지를 펼쳐보시기 바랍니다.**

현대 DNA를 원하는 이들이 현대차에 지원하려면…

현대차그룹의 이미지는 참 투박하고 거칠다. '불도저', '저돌적'이란 표현이 항상 현대차를 수식하는 단어들이다. 인터넷 상에서 현대차에 대한 네티즌(안티현대)들의 부정적 태도도 그렇고 노사를 둘러싼 수십 년간의 갈등, 한전부지 결정의 파격성 등 현대차를 둘러싼 이슈들은 하나같이 만만한 것이 없다. 글로벌 기업으로서 예측 불가능한 결정을 많이 내리는 것도 사실이다. 이러한 불확실성으로 인해 주식시장에서는 '현대 디스카운트'란 용어가 있을 정도니 그 정도를 알 만하다.

하지만 사건마다 여론의 뭇매를 심하다 싶을 정도로 맞으면서도 적극적 대응은 하지 않고, 묵묵하게 제 갈 길을 가는 특유의 우직함이 있다. 매사에 세련되고 손해따위는 볼 것 같지 않은 재계 1위 삼성그룹과 비교하면 현대차의 그 투박함은 심지어 미련스럽기까지 하다.

하지만 M&A나 전략적 제휴 없이 세계적 자동차기업과의 50년 기술

격차를 단기간에 따라잡았고, 세계 1위 시장인 중국 진출도 폭스바겐이나 GM에 비해 늦었지만 단숨에 업계 3위까지 치고 올라왔으며, 파워트레인의 기술격차를 인정한다 해도 동시에 GDI(가솔린 직분사엔진), 디젤엔진, HEV(하이브리드차), PHEV(플러그인 하이브리드차), EV(전기차), FCEV(수소연료전지차)를 자체 기술과 자본으로 커버하는 역량을 보이는 것은 글로벌 경쟁 기업들도 놀랄 정도로 실로 대단하다.

필자가 현대차그룹에 가장 대단하게 생각하는 것은 **'역발상 전략'의 일관성과 지속성**이다. 서브프라임 모기지 사태로 20곳이 넘는 미국 공장들이 폐쇄 결정에 나설 때 조지아에 신규 공장을 착공하는가 하면, 러시아가 세계경제 침체와 급등했던 우랄유의 갑작스런 폭락으로 크게 어려워졌던 2009년에 상트페테르부르크에 공장을 지어 시장점유율을 획기적으로 개선하는 역발상 전략으로 큰 성공을 거두기도 했다. 중국시장에서의 초기 성공 이후 시장점유율 급락을 겪자 현지화 모델로 과감한 승부를 걸어 크게 성공한 바 있고, 미국 환경보호청EPA의 연비 과장 사건으로 소비자들의 신뢰를 잃게 되자 곧바로 보상프로그램을 가동해 소비자 이탈을 막는 데 성공했다. 위기 상황에 대한 빠른 판단과 실행력도 인정해야 할 특징이었다. 후발주자로서의 한계를 극복할 수 있는 유일한 방법이 상위 기업들과 차별화된 '속도'와 '역발상'이었던 것이다.

현대차를 보고 있자면 장단점이 모두 특유의 저돌성과 뚝심, 그리고 속도에서 나왔음을 인정하지 않을 수 없다. 필자는 현대·기아차 해외 공장을 대부분 다녀왔다. 특히 이들의 초기 세팅 단계에서 시장 진입에 성공하기까지 현장을 지휘했던 책임자들을 만나봤다. 극소수의 한국인 파견 근무자들이 허허벌판에 30만 대 규모의 대형 공장을 짓고, 현지인들을 채용하고 교육시켜 숙련공으로 만드는가 하면, 인사·노무·재경·품질·생산·판매 등 다양한 업무를 차질 없이 수행하는 것을 직접 보았다. 공장은 어김없이 투자 결정 1년 5개월 안에 완공되는 빠른 스피드로 지어지고, 램프업 기간(장비 설치 후 대량생산에 들어서기까지 생산능력 증가 기간)은 최대한 단축하여 시제품이 나온다. 주변엔 1, 2차 벤더 부품사들이 클러스터를 형성해 차질 없는 부품 공급을 가능케 한다. 소수의 인원이 최대의 효율을 보이고 있는 것이다. 이는 3~4배 규모로 단체파견되는 일본 업체의 일본인 근로자들과 차별화되는 부분이다.

여기서 말하고 싶은 것은 **현대차 임원부터 사원까지 개개인 직원들의 역량이 그룹의 정체성과 매우 유사**하다는 점이다. 즉, **독립적이며 저돌적이고 뚝심 있는 인재상**으로 육성되어 거기에 걸맞게 성과를 도출하고 있다는 의미다. 1970년대 정주영 회장의 성공신화가 2000년대 미국, 중국, 러시아, 인도, 브라질, 체코, 터키에서 땀 흘려 오늘의 성공을 경험한 젊은 현대차 직원들에 의해 다시 재현되고 있다는 것이다.

이런 성공스토리를 가진 인재들이 다시 그룹의 허리가 되고, 중역이 되면서 성공신화는 확대, 재생산될 수 있다. 현재 보유한 현금, 기술도 중요하지만 성공의 경험은 정말 중요한 DNA가 아닐 수 없다. 취업준비생들이 갖춰야 할 태도나 입사 후에 견지해야 할 자세가 바로 이런 모습들이 아닐까.

현대차에 입사하기 위해선 현대차그룹의 지나온 과거와 현재에 대해 숙지할 필요가 있다. 그리고 조직 구성원들의 생각과 기업의 나아갈 방향에 대한 지원자의 확고한 생각이 필요하다. 그래서 회사의 전략과 방침에 대한 공부가 필요하다. 이러한 최근 분위기를 잘 알기 위해선 현대차그룹 홈페이지나 현대차 홈페이지를 찬찬히 읽어보면 큰 도움이 된다. 또 최근에는 네티즌들과의 오해를 불식시키기 위해 현대차 블로그(http://blog.hyundai.co.kr)를 운영하고 있는데, 각 사안들을 잘 살펴보고 건전한 비판과 해결책을 생각해보는 것도 좋은 공부가 될 것이다.

이 블로그를 통해 최근 현대차그룹 안팎의 흐름을 읽을 수 있다. 하지만 현대차 측의 의견이 지배적일 수 있으므로 건전한 비판과 미래 비전 제시를 위해선 경쟁사들의 동향과 현대차의 상대적 위상, 처한 상황에 대한 면밀한 분석이 필요할 것이다. 수입차들의 최근 동향, 해외에서의 경쟁 현황 등을 알기 위해선 각국 자동차협회 홈페이지나 경쟁업체 홈페이지 내 투자자를 위한 코너에서 분기 프레젠테이션 자료를 탐독하는 것도 크게 도움이 될 것이다.

이외에도 현대차그룹의 정체성을 잘 알기 위해서 창업주의 인생과 업적을 다룬 책을 읽어보는 것도 큰 도움이 되리라 생각한다. 취업준비생들의 건투를 빈다.

목차

CHAPTER 05　문화: 현장에 답이 있다

01 오너경영의 순기능을 그대로 보여준 집합체

02 고객과 소통으로 이동하는 기업문화

한눈에 본다, 현대차

현대차가 쓴 '최초'의 기록

1968 '코티나' 출시
포드와 기술제휴를 맺고 만든 국내 첫 자동차.

1976 '포니' 출시
첫 국산 고유모델 자동차로 단일 차종으로는 처음으로 생산대수 10만 대를 돌파했다.

1985 '엑셀' 출시
국내 승용차의 대중화를 이끈 주역으로, 1986년 《포춘》지에서 미국 10대 상품에 올라 세계적 주목을 받았다.

'소나타' 출시
현대차의 최고 히트상품으로 현재까지 30년간 최장수하고 있는 모델이다. 현재까지 7번의 업그레이드를 거쳤으며, 2세대부터 '쏘나타'로 이름을 바꾸었다.

1986 미국시장 첫 수출
미국시장에 성공적으로 진출해 1년 만에 자동차 수출 20만 대를 돌파했다.

'그랜저' 출시
국내 최초로 전륜구동 고급 대형 승용차 그랜저가 출시되었다.

1988 자동변속기 공장
연간 30만 대 규모의 자동변속기를 생산할 수 있는 공장을 울산에 설립했다.

1991
'알파엔진' 개발
현대차가 독자적인 개발로 설계한 엔진으로 '스쿠프'에 처음으로 쓰였다.

초저연비 엔진 개발
희박연료로 혼합해 연료의 소모량을 25% 이상 줄인 초저연비 엔진(Lean Burn Engine)으로 저연비 기술을 확보했다.

1992
콘셉트카 'HCD-I' 개발
국내 첫 스포츠카 'HCD-I'. 현대디자인연구소에서 독자적으로 설계·연구·디자인한 차로 고성능과 첨단 기술이 돋보인다.

1994
수소자동차 개발
서울대와 공동 연구·개발해 만든 수소자동차다. 이 밖에도 현대자동차가 만든 미래형 자동차는 전지자동차, 가변연료자동차, 초저연비엔진자동차 등이 있다.

1995
하이브리드 콘셉트카 개발
전기차처럼 전기 모터로 주행하다가 배터리 잔량이 부족하면 엔진과 모터를 구동시켜 주행하는 자동차다.

1999
자동차용 '연료전지' 개발
한국과학기술원과 공동으로 차세대 자동차용 연료전지를 개발했다.

2010
수소연료전지차 '투싼ix' 개발
영하 25도 이하에서 가동성 확보, 1회 충전 시 주행거리 650km까지 가능한 세계 최고 수준의 수소연료전지 시스템을 갖췄다.

2014년에 현대차는 세계 최대 자동차시장인 미국과 중국, 강력한 브랜드를 가진 유럽, 그리고 떠오르는 신흥국 사이에서 496만 대를 팔아 판매 순위 세계 5위에 올랐다. 중국, 브라질 등에서는 고객만족도 1위를 달성했다. 현대차는 맞춤형 고객 응대 서비스를 통해 차별화된 서비스를 제공하고, 전 세계 주요 도시에 플래그십 딜러숍을 구축하는 등 글로벌 기업으로서 경쟁력을 잃지 않으려 노력하고 있다. 그리하여 현재 전 세계 200여 개 국가 6,200여 개 판매처에서 현대가 만든 자동차를 언제든 구입할 수 있게 되었다.

[2014년 기준]

완성차	철강	부품	금융·서비스	운송·IT
현대자동차	현대제철	현대모비스	현대캐피탈	현대글로비스
기아자동차	현대하이스	현대위아	현대카드	현대로템
	현대비엔지스틸	현대파워텍	이노션	현대오토에버
		현대다이모스	HMC투자증권	현대엠엔소프트
		케피코	현대커머셜	현대씨엔아이
		현대위스코	해비치호텔&리조트	현대카네스
관계사	건설	현대메티아	현대엔지비	
자동차산업연구소	현대건설	현대엠시트	현대서산농장	
현대차미소금융재단	현대엠코	현대아이에이지엘		
현대기아자동차 벤처플라자	현대엔지니어링	현대파텍		
해피무브 글로벌청년봉사단	현대스틸산업			
해피웨이드라이브	현대종합설계			
	현대도시개발			

현대차가 찾는 '기본'을 갖춘 인재

현대차의 2015년 채용 인재상

- 회사에 대한, 일에 대한, 사람에 대한 기본을 갖춘 인재
- 성실함 등으로 대표될 수 있는 인성이 갖춰진 '신입사원' 다운 인재

자동차는 2~3만 개의 부품으로 이루어져 있다. 수많은 부품들이 어떻게 조합되느냐에 따라 좋은 차가 탄생할지, 혹은 그렇지 않을지 결정된다. 자동차는 한 사람이 만드는 것이 아니라 여러 사람이 함께 만드는 것이기 때문에 '협력'이 가장 중요하다. 협력하려면 내 것만 신경 쓰기보다는 공동의 목표를 위해 움직이는 사람이 필요하다. 그래서 현대차가 강조한 것이 '기본'인데, 결국 이 기본은 인성이 갖추어진 인재를 우선시한다는 뜻으로 비춰진다. 실제 어느 인터뷰에서 현대차 연구원은 "업무를 하면서 자동차를 개발하기 위해 필요한 공학적 지식은 차츰 늘기 때문에 긍정적인 자세, 바른 인사성, 원만한 대인관계 같은 인성을 갖춘 사람이 더 중요하다"고 말했다.

산업:
궁극의 기술을 담는
최대의 제조산업

어떤 산업이든 다른 산업과 연관성을 갖게 되지만, 자동차산업은 특히나 더 많은 산업과 연관되어 있습니다. 다양한 소재의 2만 개가 넘는 부품으로 만들어지며, 현존하는 최고의 기술들이 구현되는 첨단의 완성체인 자동차. 다른 어떤 산업보다 고용유발효과가 크고 국가 경제에 미치는 영향도 크기에 정부 차원의 지원과 규제를 동시에 받기도 합니다. 이러한 자동차산업의 특성을 알고 나면, 현대차에 대해 보다 체계적인 이해가 가능해질 것입니다.

01

자동차산업을 이해하기 위한 기본 지식

어떤 기업에 대해 알고자 한다면, 먼저 그 기업이 속해 있는 산업의 역사를 이해할 필요가 있다. 그것은 어딘가로 갈 때 미리 목적지까지의 약도를 한 번 확인하고 출발하는 것과 같다. 마찬가지로 현대차를 이해하기에 앞서 자동차산업의 역사에 대해 대강이나마 이해한다면, 현대차의 탄생 배경과 특징, 강점과 약점, 달려온 길과 나아갈 길을 파악하는 데 큰 도움이 될 것이다.

유럽, 미국, 일본으로 이어지는 자동차산업의 발전사

1712년 토마스 뉴커먼Thomas Newcomen에 의해 증기기관이 만들어지고, 1765년 제임스 와트James Watt가 회전식 증기기관을 만든 이후 마차馬車와

포차包車에 이를 이용하려는 시도가 있었으나 번번이 실패하였다. 그러다 1801년 영국의 리처드 트레비딕Richard Trevithic이 실용적인 증기자동차를 만드는 데 성공했고, 이후 1900년대 초까지 증기자동차의 전성시대가 펼쳐진다.

우리에게 익숙한 내연기관자동차는 1883년 독일의 고트리프 다임러Gottlieb W. Daimler가 소형의 고효율 엔진 개발에 성공하고, 이를 2륜 목재자전거에 장착하면서 모터싸이클이, 1986년에 4륜 마차에 엔진을 장착하면서 최초의 엔진자동차가 시작된다. 같은 시기 칼 벤츠Karl F. Benz 역시 4사이클 엔진을 3륜차에 탑재하면서 특허를 취득했다. 그런데 이들의 제조권을 프랑스 회사가 취득하면서 최초의 자동차회사는 프랑스로부터 시작되어 전 유럽에 확산되었다. 다임러벤츠Daimler Benz, 르노Renault, 푸조Peugeot, 피아트Fiat 같은 회사가 지금까지 100년이 넘는 역사를 자랑하는 것도 이 때문이다.

이후 1908년 미국의 헨리 포드Henrry Ford가 컨베이어 시스템을 도입하고 대량생산의 길을 열면서 자동차 대중화 시대가 열린다. 유럽에서 개발된 자동차가 미국의 대량생산으로 인해 꽃을 피우게 된 것이다. 이후 1, 2차 세계대전을 거치면서 승전을 위한 미국, 유럽의 압축투자와 무기, 항공기 기술이 접목되면서 자동차는 동력성능, 완충, 제동, 조향, 재료 모든 측면에서 진일보하였다. 그러나 세계대전의 무대였던 유럽 대륙이 초토화되자 유럽 자동차산업은 정체기를 맞게 되고, 미국 빅3 즉 GMGeneral Motors, 포드Ford, 크라이슬러Chrysler의 독주가 지속된다.

1920년대에 미국의 기술을 흡수한 일본은 1936년 외국 업체 퇴출 정책으로 독자적 자동차산업 정책을 펼치기 시작한다. 이때 닛산Nissan, 미쓰비시Mitsubishi를 중심으로 군사용 차량과 버스, 트럭 위주의 생산을 하던 일본은 2차 대전 패전으로 그나마 유지하던 자동차산업이 무너질 위기에 놓인다. 하지만 한국전쟁의 군수물자 지원이라는 특수를 누리며 다시 화려하게 부활하였고 도요타Toyota, 혼다Honda 등 새로운 강자가 나타났다.

1950년대 세계 자동차는 디자인 혁신을 거치고, 1960년대엔 소형차 확산 등 다양화 시기를 맞이한다. 1970년대엔 1, 2차 오일쇼크를 지나며 유가 부담을 느낀 소비자들이 가격이 저렴하고 연비가 월등한 일본 자동차를 선호하면서 글로벌 자동차시장은 미국, 유럽, 일본의 3개국 위주로 재편된다.

개발도상국 중 후발 주자로 뛰어들어 성공한 한국의 경우, 1976년도 조기 독자 모델 도입과 내연기관 자립 생산에 성공하며 현재 세계 5위의 자동차 생산국이 되었다.

향후 자동차는 내연기관에서 전기, 수소 에너지를 이용하여 CO_2 배출량을 극소화한 '친환경 기술'과 운전자를 운전대로부터 자유롭게 하는 '자율주행자동차'라는 니즈 앞에 새로운 선택을 요구받고 있다. 특히 이 두 기술은 기계기술에 의존하던 기존 자동차업체에 비해 전기, 사물인터넷Iot 등을 기반으로 한 IT기술을 더 많이 필요로 한다는 측면에서 기존 자동차 진영과 신규 IT 진영의 새로운 대결을 앞두고 있다.

자동차산업의 발전 과정과 시기별 특성

구 분	1차	2차	3차	4차	5차	6차
기 간	1910~1940	1950~1960	1970~1990	1990~2010	2010~2020	2020~
컨 셉	단순 수송	이동, 생활공간	국제화, 성장	세계 경쟁	신연료	무인자동
변화주도	미국	미국, 유럽	미국, 유럽, 일본	미국,유럽,일본,한국		
변화요인	대량생산	제품 다양화	신생산체제	M&A	환경	IT
경쟁환경	제조공정	기술, 디자인	품질, 원가	혁신	친환경기술	IoT

자료: 하이투자증권

자동차산업의 역사 이해하기

자동차산업의 역사를 통해 현대차의 미래도 함께 고민해봅시다. 현대차그룹은 다른 대기업에 비해 면접이 까다롭다는 평가가 많습니다. 역사에세이 작성을 채용 프로세스에 채택하고 있고, 직무 관련 지식에 대한 이해도를 직접 검증하는 경우도 많습니다. 따라서 우리나라의 역사뿐만 아니라 자동차산업의 역사도 탐색해보며 현대차가 앞으로 어떤 노력을 더 해야 할지 생각해보시기 바랍니다.

관련 자료 찾아보기 ❶
검색 키워드, '자동차산업 역사'

'자동차산업 역사'를 키워드로 관련 자료를 찾아보고, 포드나 GM과 같은 거대 자동차 기업의 흥망성쇠와 시사점을 체크해보시기 바랍니다.

새롭게 부상하는 신흥시장

2015년 글로벌 자동차 판매대수는 전년대비 4% 성장한 8,990만 대에 달할 것으로 전망된다. 향후 글로벌 자동차의 성장세는 미국, 유럽, 일본 등의 대형성숙시장이 아닌, BRICs라 불리는 브라질, 러시아, 인도, 중국을 중심으로 한 대형신흥시장의 성장 기울기로 결정될 것이다. 2009년 서브프라임 모기지 사태 이후 급속히 진행된 미국의 회복세가 2% 미만으로 주춤하겠지만, 유럽의 회복세가 지속되고 인구대국이자 생애 첫 차의 보급이 지속되고 있는 중국과 인도의 성장이 지속되면서 글로벌 판매량을 견인할 수 있을 것이다.

중국은 이미 전 세계 자동차의 4분의 1 이상이 판매되는 세계 1위 자동차 소비국이지만, 현재 인구의 10%도 자동차를 보유하고 있지 않다. 따라서 성장세가 둔화될지언정 판매량이 감소하는 경우를 가정하긴 힘들다. 따라서 향후 상당 기간 중국이 글로벌 자동차시장의 성장 기울기를 결정할 힘을 가졌다고 봐야 할 것이다.

또 석유를 비롯한 원자재Commodity 가격의 하락으로 신흥시장의 구매력이 약화되어 있지만, 회복 시 다시 이들 지역에서의 자동차 판매량이 증가할 수 있다는 점도 향후 전망을 밝게 하는 대목이다. BRICs 중심의 성장이 서서히 멈출 2020년 이후에는 대형잠재시장으로 분류되는 아세안ASEAN과 아프리카의 구매력이 크게 개선될 것이란 관측도 있다.

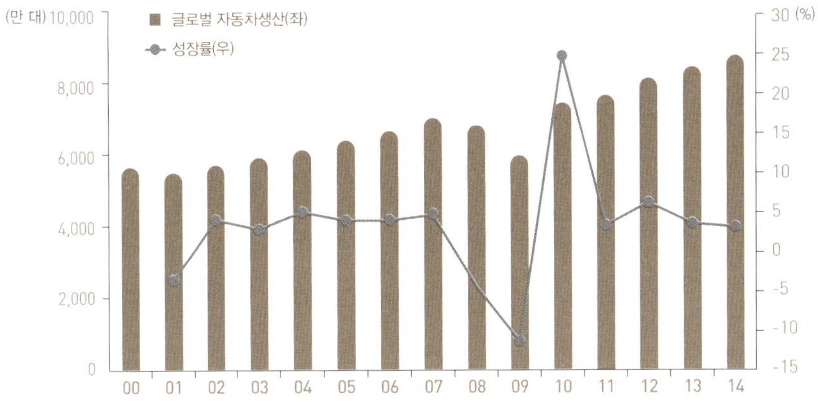

Fig 02

글로벌 자동차 판매량 및 전년대비 매출액 증감률

자료: LMC 오토모티브

멘토의 *Tip* ❷ 　　　　　　　산업 및 시장 전망 살펴보기

재무나 기획 파트 지원자는 산업 및 시장 전망 관련 내용을 잘 살펴봅시다.

기업 전략 파트에서 경영계획을 수립할 때 가장 먼저 체크하는 항목이 바로 지역별 경제성장세와 이에 따른 자동차 수요 강도라고 볼 수 있습니다. 여기에 대한 전제가 분명해야 투자 규모와 마케팅 전략 등을 과감하게 설정할 수 있기 때문입니다. 재무나 기획 파트 지원자라면 산업 및 시장 전망 부분을 특히 잘 살펴보시기 바랍니다.

세계시장의 빅3 – 도요타, 폭스바겐, GM

자동차는 IT 분야와 달리 하나의 혁신기업이 킬러 애플리케이션Killer application을 출시해 기존 업체들의 시장점유율을 모두 빼앗아오기 힘든 구조를 가지고 있다. 오히려 패션 분야처럼 다양한 고객의 니즈가 있어 여러 업체의 제품이 공존하는 구조다. 글로벌 1, 2, 3위 업체의 시장점유율 차이가 근소한 것도 이 때문이다. 세계 1위 업체의 시장점유율도 11% 정도인데, 이는 시장별·국가별 핵심 업체가 별도로 존재하고 있고 각 시장의 경제력에 맞는 브랜드 선호, 현지 공장 유무에 따른 관세 규제 등 유불리 조건 등이 다르기 때문이다.

신규 업체가 혜성처럼 등장해 시장의 판도를 뒤바꾸는 경우도 드물다. 안전과 성능, 검증된 내구성 등 업력이 오래된 회사가 충성도 높은 고객으로부터 높은 평가를 받을 수밖에 없기 때문이다. 이는 자동차를 구매할 때 고려하는 첫 번째 요인이 '브랜드'라는 점만 봐도 알 수 있다.

세계시장은 빅3, 즉 일본의 도요타가 1위, 유럽의 폭스바겐이 2위, 미국의 GM이 3위로 각각 11%대의 시장점유율로 선두권을 형성하고 있다. 그 뒤를 이어 르노-닛산 얼라이이언스Alliance가 인수한 아브토바즈Avtovaz를 합산해 4위, 한국의 현대·기아차가 5위, 미국의 포드가 6위를 차지하고 있다.

기업별 시장점유율 – 자동차는 한두 개 기업이 독점하기 힘든 시장

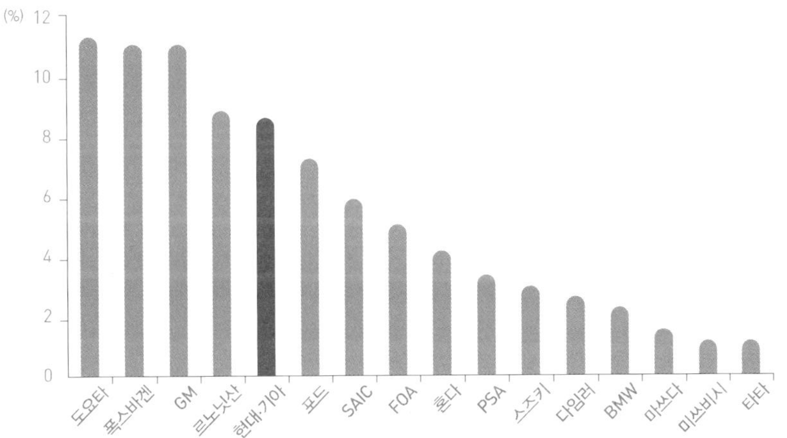

자료: 각 사

국가별 제조사와 경쟁력 포인트

국가	업체명	경쟁우위 요소
미국	GM	미국에서 1위, 중국에서 1~2위의 높은 시장점유율, SUV, 픽업에 강점
	포드	미국에서 높은 수익성, 픽업트럭 1위, 에코부스터 엔진, 높은 유럽점유율
	크라이슬러	피아트와의 시너지, 픽업, SUV 특화, 미국에서 회복세, 디자인 개선
일본	도요타	미국, 일본, 아시아에서 높은 시장점유율, 하이브리드 기술 우위, 조립품질 우수, 높은 충성도
	혼다	모터사이클, 자동차, 항공기, 로봇에 이르는 높은 기술력, F1 레이싱 참여
	닛산	전기차 세계 1위, 큐브부터 슈퍼카 GT-R까지 라인업 다양. 르노와 제휴 시너지
유럽	폭스바겐	유럽과 중국에서 높은 위상, 세계 최고 수준의 R&D, 다양한 브랜드, 플랫폼 통합
	르노	프랑스 제1의 업체, 유럽에서 높은 점유율, 소형차에 강점, 닛산과 얼라이언스
	BMW	항공기 엔진 기술을 바탕으로 럭셔리, 고성능 차량 제조, 세계 최고 수준의 수익성
	다임러	럭셔리 세단의 대명사, A,B 클라스 추가로 라인업 확대, 독일 최고의 기술력 응집

자료: 하이투자증권

멘토의 *Tip* ③ 상위 15개 제조사 숙지하기

상위 15개 제조사의 순위 정도는 상식으로 암기하시기 바랍니다.
상위 15개 자동차 제조사 순위 정도는 언제라도 언급할 수 있도록 암기해두시기 바랍니다. 또한 각 기업들의 경쟁우위 요소도 한두 가지 정도라도 파악해두면 좋겠습니다.

관련 자료 찾아보기 ③
검색 키워드, '세계 자동차기업 순위'

'세계 자동차기업 순위'를 키워드로 보다 자세하게 정리된 자료들을 체크해보시기 바랍니다. 반복해서 읽으며 암기가 되도록 노력해봅시다.

02

전방위적 연관산업이
가지는 특성

경기와 정책에 민감한 시장

자동차는 주택 다음으로 비싼 내구소비재로서 이를 구매하는 소비자들의 소득수준, 소비심리, 가처분소득 등을 포괄하는 경기사이클과 매우 높은 상관관계를 가지고 있다. GDP증가율과 자동차 판매량이 밀접한 연관성을 지니는 것도 이 때문이다. 특히 초기보급단계Motorization를 지나 성숙기에 접어들수록 교체 용도의 소비성향을 띠게 돼 경기변동에 대한 민감도가 높아진다. 전반적으로 자동차 판매는 GDP증가율, 금리, 가계신용, 실업률, 유가 등 거시경제 변수에 영향을 받게 된다.

자동차산업은 각국의 고용과 생산유발계수에 지대한 영향을 미치는 까닭에 국가의 개입이 잦아 '완전경쟁시장'으로 분류되기는 어려울 것 같다. 고비용 장치산업이라는 특성, 그리고 각국의 규제가 많아 신규 공급자가 자유롭게 진출하기도 어렵다. 각국이 관세로 수출입을 규제하고, 최근에는 안전과 연비, 환경문제에 적극적으로 개입하면서 장벽이 더욱 높다. 물론 미국처럼 판매자의 영향력이 높은 시장의 경우에는 평상시 인센티브 변동 등 자율적인 메커니즘으로 완전경쟁에 가깝다고 볼 수 있으나, 서브프라임 모기지, 유로존 리스크 같은 특수한 이슈가 생기면 국가가 개입해 폐차보조금Cash for Crunkers을 지급하는 등 성격이 크게 달라질 수 있다. 유럽의 폐차보조금, 중국의 이구환신(以舊換新, 낡은 자동차를 폐차하고 신차를 살 때 국가가 보조금을 지급), 기차하향

(汽車下鄉, 1,600cc 이하의 차량을 살 때 보조금을 지급) 정책, 한국의 개별소비세 변동 등도 같은 맥락으로 이해할 수 있다. 또한 재화의 동질성이란 측면에서도 기술력, 브랜드, 파워트레인 종류, 퍼포먼스 등 다양한 요소에서 차별화가 존재해 완전경쟁시장이라고 보기는 어렵다.

멘토의 Tip ④　　　　　　　　　　　　판매에 영향을 주는 요인 체크하기

자동차 판매에 영향을 주는 요인들을 잘 체크해봅니다.
자동차는 GDP성장률, 금리, 가계신용, 실업률, 유가 등 거시경제(매크로) 변수에 따라 매출이 큰 영향을 받습니다. 기획이나 마케팅 파트 지원을 준비하는 경우라면 이러한 변수들의 최근 흐름을 잘 살펴볼 필요가 있습니다.

관련 자료 찾아보기 ④
웹사이트 '한국은행' 및 국내 경제연구소 

거시경제 관련 자료는 한국은행이나 국내 경제연구소 등의 홈페이지에서 다양하게 발간물을 올려두고 있으므로 이 자료들을 잘 챙겨보시기 바랍니다. 국내 경제에만 국한하지 말고 미국과 유럽 경제 동향에 대해서도 틈틈이 공부해두면 면접에서 유용하게 활용할 수 있습니다.

전후방 스펙트럼이 큰 최대의 제조산업

자동차산업은 현존하는 세계 최대의 제조업으로 다양한 소재의 2만 개가 넘는 부품으로 조립된다. 따라서 철강산업, 기계산업, 소재산업 등 전통산업과 밀접한 연관을 가질 뿐 아니라, 최근 기술 트렌드 변화로 인해 정보기술IT, 바이오기술BT, 환경기술ET등 신성장산업과도 밀접한 연관을 맺고 있다. 후방산업으로는 철강, 금속, 유리, 고무, 플라스틱, 섬유, 피혁, 도료 등 소재산업과 금형, 공작기계, 자동화설비 등 생산설비산업, 단조, 주조, 프레스를 거쳐 정밀가공과 조립을 거치는 수많은 기능부품산업까지 실로 다양하다. 특히 기계Mechanic 위주로 구성되던 부품들이 최근에 와서는 전자Electronic기술이 결합되며 '메카트로닉화Mechatronic'되는 경향을 보이고 있다.

전방산업은 자동차의 운행으로 인해 자연스럽게 파생된 생태계인데 판매, 금융(자동차 파이낸스), 자동차보험, 정비, 세차, 주유, 튜닝, 중고차 판매, 주차, 렌트카 등 다양하다. 뿐만 아니라 교통시설, 도로건설 등 건설업도 전방산업에 분류될 수 있다. 실제로 중국은 수출 부진의 타개책으로 내수 활성화를 계획하고 있는데, 전후방 연관산업이 발달할 수 있고, 고용유발계수가 큰 자동차를 중·서부 지역에 전략적으로 육성하는 정책을 쓰고 있다. 자동차 공장이 들어서면 부품회사들이 동시에 공장을 짓게 되고, 자연히 고용이 늘게 된다. 고용이 늘면 지역 경제도 활성화된다. 소비가 늘고 돈이 돌고 자동차가 팔리면 도로 및 부가산업이 확대되는 선순환이 가능하기 때문이다.

자동차를 이루고 있는 후방산업과 자동차 부품의 종류

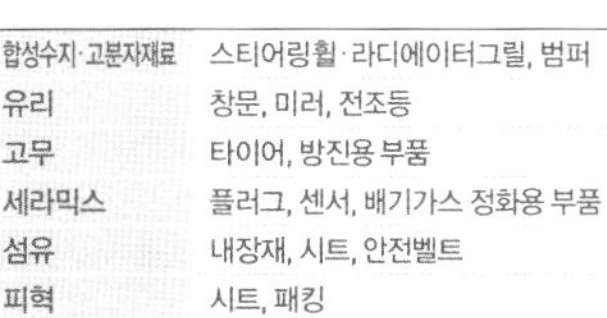

선철	실린더블럭 등 엔진 부품
보통강	차체, 프레임
특수강	기어류, 액슬, 크랭크 샤프트

스프링
베어링
펌프류 등의 기계가공품
타이어, 튜브
배터리
잭 등 탑재공구류
소화기, 타이어체인 등의 용품류

합성수지·고분자재료	스티어링휠·라디에이터그릴, 범퍼
유리	창문, 미러, 전조등
고무	타이어, 방진용 부품
세라믹스	플러그, 센서, 배기가스 정화용 부품
섬유	내장재, 시트, 안전벨트
피혁	시트, 패킹
종이	에어클리너, 오일필터

전장품·라디에이터	동
엔진메탈류, 장식 부품	납, 주석, 아연
엔진 부품, 차륜	알루미늄
배기가스 정화용 부품	귀금속
마그네트류, 도금용	기타 비철금속

전자부품
조명기기, 전선, 광섬유
스타터, 다이나모미터류
에어컨류
카오디오류

장식용, 방청용	도료
부동액, 세제, 첨가제 등	화학제품

주물용	동식물유
윤활, 열처리, 절삭용	유지류
주물용	코크스
연료, 열처리, 도장건조용, 공장동력용	석유, 전력, 가스

자료: KAMA

구분		주요 부품
기능별	동력발생장치	엔진부품, 연료분사장치, 냉각 및 급유장치, 피스톤, 실린더라이너, 엔진벨브, 엔진스프링, 캬부레터, 라디에이터, 오일쿨러, 크랭크샤프트
	동력전달장치	클러치, 차축, 변속기, 기어류, 추진축
	공조제품	에어컨, 히터
	전장부품	스위치류, 램프류, 전압조절기, 스프크플러그, 발전기, 점화코일, 배전반, 하니스, 스타터모터, DC모터, 복합계기, ECU
	제동장치	브레이크 마스터실린더, 브레이크 부스터, 브레이크 드럼, 브레이크 슈, 브레이크 라이닝
	조향장치	스티어링 휠, 스티어랑 샤프트, 기어박스, 타이로드, 넉클
	현가장치	현가스프링, 쇽업쇼버
	차체부품	패널류, 필러류, 내장재, 차량유리, 범퍼
	기타	고무벨트, 오일씰, 방진고무류, 베어링, 배터리
제조 공정별	주조품	실린더블록, 실린더헤드, 피스톤링, 피스톤라이너, 브레이크드럼, 브라킷
	단조품	크랭크 샤프트, 캠샤프트, 커넥팅로드, 흡입 및 배기 밸브, 볼조인트, 스티어링샤프트
	기계가공품	피스톤핀, 플레인베어링, 유니버샬조인트, 타이밍체인, 실린더헤드볼트, 롤링베어링 등
	프레스가공품	휠디스크, 휠캡, 범퍼, 연료탱크, 프레임 등
	조립부품	에어크리너, 라디에이터, 연료분사장치, 물펌프 등
사용 소재별	철강품	실린더블록, 캠샤프트, 기어, 머플러, 브레이크디스크, 플라이휠 등
	비철금속부품	미션케이스, 펌프, 라디에이터, 전장부품, 브라킷 등
	고무제품	엔진마운팅, 고무호스, 팬벨트, 웨더스트립, 오일씰
	기타	범퍼, 내장재, 가스켓, 스파크플러그

자료: 하이투자증권

 **자동차 신조어들을 챙겨봅시다.**

'메카트로닉Mechatronic' 같은 표현은 자동차 업계에서 최근 사용하는 용어이므로 시사상식 차원에서 잘 챙겨둬야 합니다. 이 단어 외 여러 자동차 신조어들을 체크해보고 그 의미도 함께 알아두시기 바랍니다. 자동차 관련 신조어는 신기술의 적용이나 소비자 취향 변화와 관련해서 많이 체크해보시기 바랍니다. 신조어는 아니지만 실제 현대차 면접장에서 새로운 디자인 철학인 '플루이딕 스컬프처 2.0'에 대해 말해보라는 질문이 나왔다고 합니다. 시사성 있는 주제는 고민의 흔적을 확인해보는 차원에서 언제든 질문으로 나올 수 있습니다.

자동차 판매에도 시즌이 있다

자동차 판매는 기후, 휴가, 연식변경, 업체의 회계연도 등의 이유로 일정한 계절성Seasonality을 지닌다. 각 국가별 판매의 계절성도 상이하다. 미국은 드라이빙 시즌으로 불리는 3~8월에 판매가 본격화된다. 반면 세계 1위 시장인 중국은 춘절을 앞둔 자동차 구매로 연간 V자 형태의 판매를, 영국과 일본은 3월 회계결산으로 3월에 프로모션이 집중되며 판매량이 극대화되는 독특한 계절성을 띤다. 유럽은 장기 휴가로 인한 선수요로 6월에 판매량이 급증한 후 7, 8월에 급락하는 특이

국가별 자동차 매출의 계절적 특성 – 각 시장별로 고유한 계절적 변화를 가져

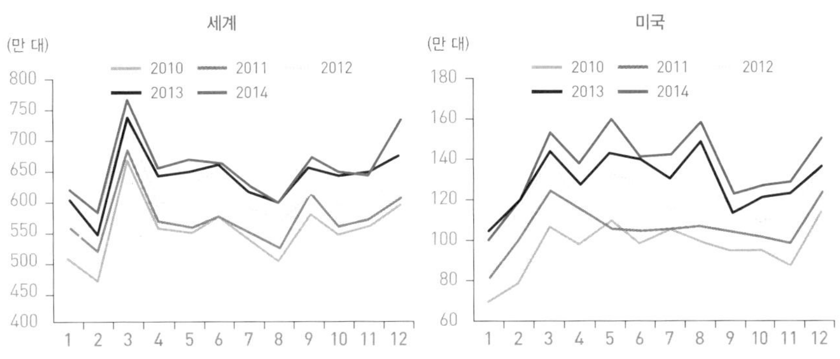

한 흐름도 보인다. 대부분 국가에서는 연식 변경에 따라 재고를 소진하기 위한 프로모션을 연말에 강하게 전개하는 경향이 있다. 이런 여러 요인들이 모여 3월과 연말에 판매가 증가하는 글로벌 판매계절성을 형성하고 있다. 한국의 자동차는 수출주력산업의 성격이 강해, 각국의 계절성에 맞는 생산·출고·재고 사이클을 지니게 된다.

현대·기아차의 경우 생산은 '2분기〉4분기〉3분기〉1분기'의 계절성을 띤다. 한국의 명절인 설날과 추석에 생산·영업일수가 축소되고, 3분기엔 휴가와 임금협상(단체협상)이 있기 때문이다. 또 수출 비중이 높아 소매유통 판매와 공장출하 기준 판매 사이에 시간차가 존재한다. 생산되었지만 판매법인에서 보유하고 있는 재고는 미실현손익으로 인식되어 매출에서 차감된다. 따라서 매출액의 계절성은 환율의 급변동이나 파업 같은 변수가 없다면 2, 4분기에 증가하고 1, 3분기에 감소하는 패턴을 보인다.

자동차회사의 비용구조는 통상 원가에 재료비·노무비·경비가·판관비에 시장개척비·마케팅비·광고비·물류비 등이 포함된다. 회사마다

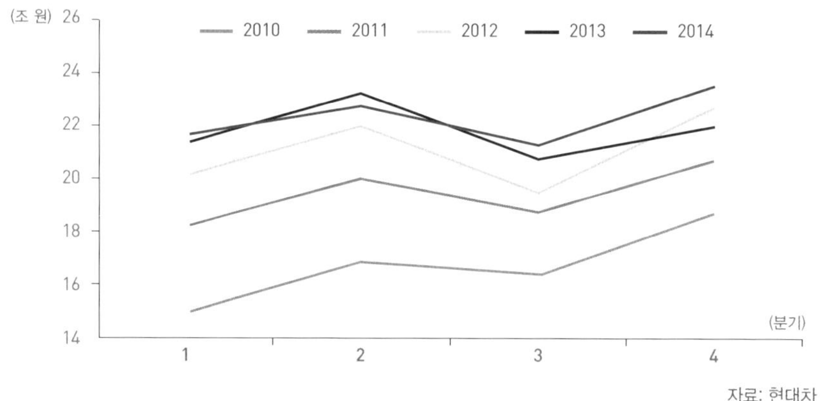

Fig 08

현대차의 분기별 매출액 패턴 - 2, 4분기에 증가하고 1, 3분기에 감소하는 형태

각기 다른 원가율을 보이는데, 생산기지의 해외 분산 정도와 환율에 따라 변동되기는 하지만 전반적으로 미국, 유럽 업체들의 원가율이 높은 편이다. 인건비, 헬스케어 등 고정비 부담이 높기 때문이다. BMW 나 다임러와 같은 럭셔리 메이커의 경우, 판매단가가 높고 높은 브랜드 인지도 덕에 인센티브가 적게 들어 상대적으로 원가율이 낮은 편이다. 현대·기아차는 높은 가동률과 규모의 경제, 플랫폼 통합의 경제성으로 양산메이커 중에서는 원가율이 낮은 편이나, 최근 연구개발비와 인건비 비중이 높아지면서 원가율이 높아지고 있다.

Fig 09

제조사별 원가율 – 아직까지 한국과 일본은 미국, 유럽 등에 비해 원가율 경쟁력이 높은 편

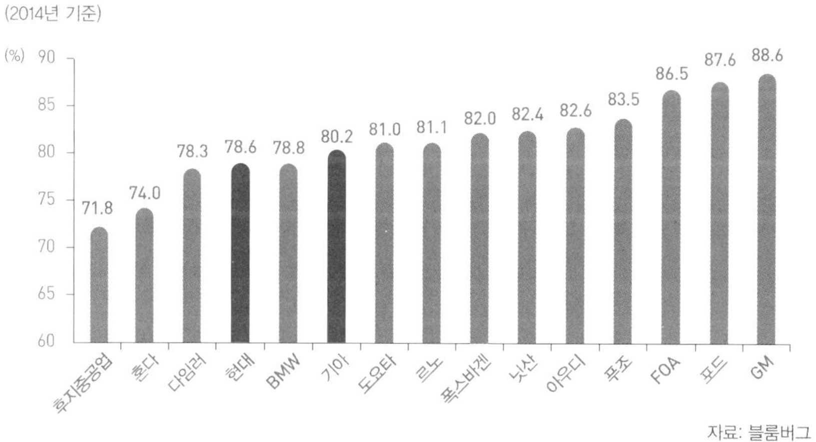

 **자동차 판매의 계절성과 비용구조의 다양성을 이해합니다.**
자동차 판매는 상당한 계절성을 지니고 있고 또한 지역별 편차도 크다는 사실을 숙지하시기 바랍니다. 또한 자동차회사의 비용구조도 회사마다 원가구조나 브랜드 가치 판촉 프로그램 등의 여건에 따라 다양하다는 점도 잘 인식하고 있어야 할 대목입니다.

관련 자료 찾아보기 ❺
검색 키워드, '자동차 판매 계절성', '자동차 비용구조' 

'자동차 판매 계절성', '자동차 비용구조' 등을 키워드로 검색해보시기 바랍니다. 의외로 자동차 비용구조가 회사마다 1급 비밀처럼 다뤄지고 있다는 사실을 확인하실 수 있을 겁니다. 모든 자동차에 일반화시켜 적용할 수는 없겠지만 보통 자동차를 제조해서 판매하는 데 어떤 요소들이 어떻게 비용으로 구성되는지, 그리고 그 비중은 어느 정도인지 한번 확인해보시기 바랍니다.

03

변화할 수밖에 없는
시장의 움직임들

고령화가 가져올 자동차시장의 변화

전 세계에서 자동차시장의 성장세가 가장 빠르게 나타나는 곳은 BRICs로 분류되는 대형신흥시장이다. 이들은 생애 첫 차 구입, 즉 초기보급단계를 거치고 있기 때문이다. 반면 대형성숙시장인 미국, 유럽은 최근 경제위기로 판매가 급감한 후 회복세를 보이고 있을 뿐, 위기 이전 수준을 뛰어넘는 성장을 기대하긴 어려운 상황이다. 소형성숙시장인 일본 역시 고령화, 소비심리 둔화, 소비세 인상 등으로 쇠퇴기를 맞고 있다. 같은 부류에 속하는 한국 역시 성장 정체 국면을 맞이하고 있다.

현재 한국의 고령화는 OECD 국가들 중 가장 빠르게 진행되고 있다. 지금과 같은 속도라면 2020년에는 우리나라 전 인구 중 65세 이상 고령인구가 16% 수준, 2030년에는 25%에 달할 전망이다. 2050년경 한국의 고령화율은 일본에 이어 2위가 될 것으로 보인다. 이는 이미 일본과 유럽이 겪었듯 자동차시장에도 큰 영향을 미칠 수밖에 없다.

일본의 경우 단카이세대의 은퇴가 본격화된 2000년대 이후 600만 대에 달했던 연간 자동차 판매량이 400만 대 수준으로 급감했고, 경차의 비중도 전체의 40%가 넘었다. 노령화에 따른 경제력 약화뿐 아니라 식구가 줄고 주행거리가 짧아지면서 대형차보다는 소형차 위주의 성장이 나타날 수밖에 없다. 통상 자동차 소비의 주축은 구매력이 높고 활동이 왕성한 30~50대 연령층이다. 한국의 경우도 60대 이상의 자동차 구매대수는 30대 구매대수의 3분의 1에 지나지 않는다. 따라서 노령화 진행에 따른 구매력 약화로 판매증가율은 크게 둔화될 수밖에

일본의 연령별 자동차 구입 용도 - 연령이 높아질수록 친교, 쇼핑, 기타의 비중 커져

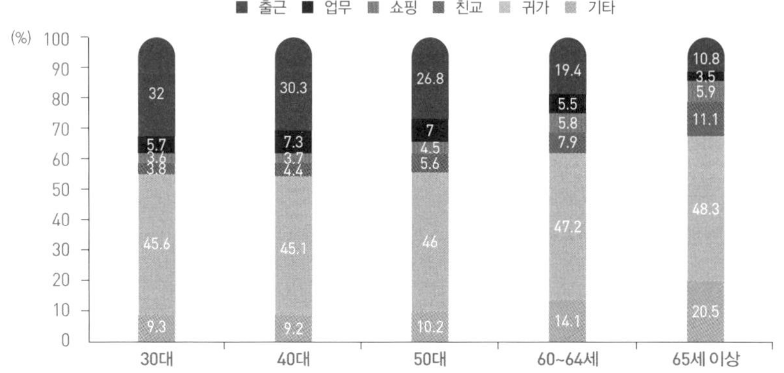

자료: 일본경제신문

없다. 또 노년층의 실용적 소비 특성에 맞춘 수요 확대로 차급이 소형화되는 구조적 변화도 수반될 것이다. 우리나라 베이비붐세대(1955~1963년생)가 은퇴 시점을 넘어설 경우, 소득의 공백과 노후설계 미비로 구매력은 현재의 일본보다 현격히 낮을 것으로 보인다.

멘토의 Tip ❼ BRICs 국가의 시장 현황과 접근 전략 생각해보기

BRICs 국가의 시장 현황과 접근 전략을 생각해봅시다.

전 세계적인 자동차 수요 흐름을 보면 대형신흥시장 외에는 성장세가 미미하거나 오히려 위축되는 모습입니다. 현대차로서도 BRICs 국가들에 대한 승부가 불가피한 측면이 있다고 봐야 할 것입니다. 참고로 글로벌 5위인 현대차가 BRICs에서는 3위를 기록하고 있습니다. 이들 국가의 자동차시장 현황이나 접근 전략에 대해 세밀하게 살펴보시기 바랍니다.

관련 자료 찾아보기 ❻
검색 키워드, 'BRICs 자동차시장'

'BRICs 자동차시장'을 키워드로 관련 자료들을 잘 챙겨보시기 바랍니다. 그리고 현대차가 시장을 확대하기 위해 어떤 전략을 세우면 좋을지 고민을 많이 해보시기 바랍니다.

전통적 주력 상품을 위협하는 시장의 변화

현대·기아차의 주력 상품은 아무래도 연비가 좋은 소형·중형세단 Compact/Mid-size car으로 볼 수 있다. 이를 위협할 수 있는 요소로는 아래와 같은 요인들을 꼽아볼 수 있다.

① 럭셔리 브랜드의 소형 라인업 확대(벤츠의 A/B Class, BMW 1-Series 등)

② 유가 하락에 따른 경트럭 판매 확대

③ 각국의 규제와 인센티브로 친환경차 보급 확산

④ 미래 잠재적 경쟁자인 구글, 애플에서 내놓는 자율주행자동차 Autonomous car의 위협

⑤ 중국의 자동차 기술 수준 향상에 따른 수출 잠재력 확대

단기적으로는 유가 하락과 각국 소비자들의 여가문화 확대로 인해 SUV, CUV, 밴Van, 픽업Pickup 등 경트럭 판매가 확대되고 있어 현대·기아차 입장에선 불리한 상황이다. 2014년 말 기준으로 현대·기아의 세단형 승용차 부문 미국시장 점유율은 12.5%였지만, 경트럭Light Truck 부문은 3.7%에 불과했다. 픽업트럭, 대형 SUV, 밴 등이 선풍적인 인기를 끌고 있지만 대응이 미흡한 상황이다. 제품이 준비되지 않았고, 노조의 협의를 구하기도 어려워 기존 라인의 교체를 통해 세단형 승용차를 경트럭으로 빠르게 대체하기도 어렵다.

중장기적으로는 기술의 발달과 각국의 규제 강화로 친환경차 라인

업 확대 없이는 경쟁업체(자동차 및 IT업체)에 밀릴 수 있다는 점도 염두에 둬야 한다. 실용적 소비성향의 대두로 각국에서 확산되고 있는 카셰어링Car sharing도 자동차 제조업체에 위협이 될 수 있다. 회원으로 가입한 후 도심 곳곳에 위치한 무인거점에서 차를 빌리고 지정된 무인거점에 다시 반납하는 시스템이다. 한국도 최근 쏘카Socar, 그린카Greencar 등이 회원수를 늘리며 성업 중이다.

멘토의 Tip ⑧ 　　　　　　환경규제 관련 기술 개발 동향 찾아보기

환경규제와 관련한 대응 기술 개발 동향을 체크해봅시다.
환경규제 강화는 앞으로 모든 자동차 제조사가 사활을 걸어야 할 만큼 중요한 과제입니다. 자동차 제조사의 환경 관련 기술 개발 동향에 대해서도 기본적인 윤곽은 알고 계시기 바랍니다. 또한 카셰어링 운동도 자동차 판매 촉진에는 위협 요소가 되고 있는 만큼 소비자 운동에 대한 자동차 제조사의 대응 전략 혹은 그것을 기회 요인으로 삼을 수 있는 방법은 없는지 등도 생각해보시기 바랍니다.

IT와 함께 진화하는 자동차

단기적으로는 IT기술의 발달로 내연기관의 효율성 개선과 친환경차 기술의 개발이 동시에 진행되고 있다. 먼저 내연기관의 효율성에 IT의 도움이 입혀진다면, 기계적 한계를 뛰어넘는 동력 성능을 확보할 수 있다. 자동차 성능의 핵심인 조향·제동 명령이 유압油壓이라는 기계적 물리신호에서 CAN(Controller Area Network)이라는 무선통신에 의한 전기신호로 바뀌면서 보다 많은 IT, 반도체, OS의 도움을 구하고 있는 게 현실이다.

뿐만 아니라 엔진컨트롤에서 ECU(Electronic Control Unit), 즉 전자제어장치의 힘을 빌리면 엔진의 성능을 획기적으로 개선할 수 있다. 엔진 회전수와 흡입 공기량, 흡입 압력, 액셀러레이터 개방 정도 등에 맞추어 미리 정해놓은 점화시기 MAP(Manifold Absolute Pressure) 값과 연료분사 MAP 값 등을 조회할 수 있기 때문이다. 이를 통해 각종 전자식 센서를 보정하고 인젝터의 개폐율을 컨트롤해 기존 기계적 성능을 크게 향상시킬 수 있을 뿐 아니라 완전연소에 가까운 효율성도 얻을 수 있다. 이러한 기술은 보다 엄격해지는 각국의 환경규제에 적극적으로 대응하는 수단이 될 수 있다.

또 나아가 친환경차(하이브리드차, 전기차, 수소차 등 모터를 동력원으로 삼는 자동차) 개발의 대부분 분야에서 IT기술이 사용되고 있다. 각종 친환경차에서 공통적으로 적용되는 부품이 모터, 배터리, 컨버터, 인버터, IPM(Integrated Package Module)이다. 친환경차가 어떤 방향으로 진행되더라도 자동차업체가 이 4가지 핵심 기술을 보유하고, 양산기술, 규모의 경제를 획득한다면 이종산업과의 경쟁에서도 생존할 수 있다는 생각들을 가지고 있다.

이외에도 IT기술의 접목은 인터넷을 기반으로 한 연결성Connectivity, ITS(Intelligent Transportation Systems), 차량용 OS, 자율운전시스템, HMI(Human-Machine Interface) 등 다양한 분야에서 나타나고 있다. 구글과 애플, 아우디, 벤츠 등이 집중하고 있는 자율주행 기술은 운전자에게 '핸들로부터의 자유'를 가능케 해 자동차를 완전한 '인포테인먼트Infortainment' 도구로 만들어줄 수 있다. 완전한 전기차의 시대가 도래한다면 현재 자동차회사의 기계적 경쟁력은 IT업체의 하드웨어, 소프트웨어에 밀릴 수밖에 없다. 그렇기 때문에 과도기적 단계에서 현재 수위권의 자동차회사들이 R&D 비용을 집중 투자해 이종산업으로부터 주도권을 놓지 않으려 노력하는 것이다.

앞으로 어떤 기업들이 자동차회사의 경쟁자가 될 수 있는지 고민해봅시다.

친환경차의 개발 방향과 무관하게 모터, 배터리, 컨버터, 인버터, IPM 등의 4가지 핵심 기술과 양산능력이 현대차로서도 미래를 담보할 수 있는 키워드라고 해야 할 것입니다. 특히 무인자동차의 진화 수준에 따라 기존 자동차 업체보다는 IT기업이 새로운 경쟁자로 등장할 수도 있는 만큼 이런 변화 흐름을 잘 이해하고 있어야 하겠습니다.

관련 자료 찾아보기 ⑧
검색 키워드, '자동차 진화'

'자동차 진화'를 키워드로 검색해보면 자동차 인포테인먼트, 자동차 커넥티비티, 스마트카, 원더풀 사이언스 등 최신 트렌드를 설명하는 자료들을 확인할 수 있습니다. 꼭 챙겨서 봐야 할 주제들입니다.

미래의 자동차는 어떤 모습일까

자동차산업의 미래는 크게 두가지, 구동계통이 내연기관에서 전기모터로 변화하는 것을 골자로 한 친환경차로의 변화, 그리고 IT기술과의 접목을 통해 능동적 안전기능과 편리함을 갖춰나가고 궁극적으로는 스스로 운전하는 스마트카로의 진화를 들 수 있다. 현재 연구개발이 진행중인 스마트카의 주요 기능들을 살펴보면 다음과 같다.

① **빅데이터를 이용한 자동차** ｜ 자동차에 내장된 컴퓨터가 운전자의 습관과 주로 이용하는 경로에 대한 데이터를 이용해 최단거리 등의 정보 제공. 보험사에 사고 이력과 위험지역 통과 여부 등의 정보를 제공, 자가진단과 셀프정비 등도 가능하다.

② **운전자 모니터링** ｜ 차량 도난에 대비해 주인의 홍체 및 지문 인식, 졸음운전 경보, 심박동 및 안구운동 등을 자동 체크한다.

③ **V2V 통신** ｜ 사물인터넷을 통해 차간 접촉 회피, 근거리무선통신 DRSC을 이용해 사각지대 및 전후방 차량의 주행 상황을 판단해 사고를 회피하는 기술. 이미 미시건대학교에서 주행 테스트를 완료했다.

④ **외부 에어백** ｜ 차체 및 보행자 안전을 위한 적극적 대응 시스템. 카메라, 레이더가 충돌을 감지하는 순간 부풀어 오르도록 설계.

⑤ **인포테인먼트** ｜ 터치스크린을 통해 차내 엔터테인먼트를 즐길 수 있는 시스템으로 주행 시 주변 정보를 실시간으로 제공하며, 스마트워치와도 호환이 가능하다.

⑥ **레이저 헤드램프** ｜ 가시거리가 400m 이상으로 매우 밝지만 에너지 소모는 제한적인 고효율 헤드램프

⑦ **무인주행** ｜ 운전자를 핸들의 속박으로부터 자유롭게 하는 기술.

캘리포니아주와 네바다주는 실제 주행에 관한 주정부 승인을 획득했다. 구글 및 애플의 적극적 참여가 예상된다.

⑧ **셀프 파킹** ｜ 카메라와 센서의 도움으로 주차 각도를 계산, 운전자의 판단 없이도 자동으로 주차하는 기능이다.

⑨ **솔라 에너지 콘셉트카** ｜ 태양에너지 집광을 통해 주행이 가능한 자동차

⑩ **수소연료전지차** ｜ 1회 충전으로 600km 이상 주행이 가능하며 수소와 산소의 결합으로 전기를 생산하며 물만 배출하는 친환경 자동차

멘토의 Tip ⑩　　산업의 미래를 특징짓는 키워드 찾아보기

산업의 미래를 특징짓는 10가지 키워드를 체크해봅시다.

위에 열거된 10개 단어들은 자동차의 미래를 반영하는 주요 키워드들입니다. 익숙한 느낌이 들도록 자신의 단어로 만들기 바랍니다. 각 용어를 키워드로 해서 관련 자료들을 찾아보면 자동차산업을 이해하는 시야가 한층 넓어질 것입니다.

급변하는 시장, 현대차의 전략은?

현대차는 친환경차 기술에서는 여전히 빠른 추격자Fast follower 전략을 고수하고 있다. 도요타가 프리우스Prius로 하이브리드 자동차(HEV: Hybrid Electric Vehicle) 시장을 개척했고, 닛산이 리프LEAF, 미쓰비시가 i-Miev로 순수 전기차(EV, Electric Vehicle) 시장을 개척했지만 손익분기점 도달까지는 꽤 오랜 시간과 비용이 투입되었다. 그리고 테슬라Tesla가 기존 전기차 기술을 크게 뛰어넘는 혁신적 제품인 '모델S'를 내놓으면서 시장의 판도는 다시 바뀌었다. 이 과정에서 ZEV Credit(Zero Emission Vehicle Credit, 매연 0% 자동차에 지급하는 국가 보조금)이 큰 도움을 주었다.

결국 아직까지는 시장의 방향과 각국 정부의 방침이 친환경차의 여러 유형 중 어느 쪽으로 집중될지 확신하기 어렵다. 따라서 현대차는 제한된 예산으로 최대의 효용을 내기 위해서 빠른 추격자 전략을 고수할 수밖에 없는 것이다. 현대차는 '블루 드라이브'라는 친환경 전략 하에 이산화탄소 배출량 감축을 위한 바이오연료차, 하이브리드차, 전기차, 수소연료전지차(FCEV: Fuel Cell Electric Vehicle) 등 다방면의 연구개발을 동시다발적으로 진행하고 있다. 내연기관에서는 디젤과 가솔린 기관의 효율성을 강화하는 연비개선 기술을 통해 탄소배출량을 감소시키고, 하이브리드 기관에서는 전기동력의 도움을 받아 효율성을 극대화하는 플러그인 하이브리드PHEV와 일반 하이브리드를 생산할 계획을 가지고 있다. 엔진이 없는 전기차 기술로는 전기차를 단거리 수송에, 수소차를 장거리 수송에 사용하겠다는 전략이다.

특히 다른 분야보다 FCEV는 세계 최초 양산업체라는 선두업체 이미지를 어필하고 있다. 그리고 친환경차 라인업을 2020년까지 총 22개로 확대하겠다는 계획을 밝히고 있다. 단거리용으로는 소형 전기차, 중장거리용으로는 PHEV 승용차, 장거리용으로는 FCEV SUV와 버스를 포지셔닝하고 있다.

운전자보조시스템(ADAS: Advanced Driving Assistant System) 역시 현대모비스, 만도 등 대형 부품사와의 공동 연구를 통해 내재화시키고 있는 중이다. 이 기술들은 향후 자율주행으로의 진화를 가능케 해줄 것이다. 다음은 현대차가 'CES 2015'에서 제네시스를 통해 구현한 기술들을 정리한 것이다.

Fig 11

제네시스에 구현된 최신 기술

기술명	설명
Remote Parking Assist System	스마트키를 통해 차량을 호출하면 주차된 장소에서 자동으로 마중 나오고, 지정된 장소에 자동으로 주차하는 원격 전자동 주차 시스템
Signal Phase and Timing System	현재 접근하고 있는 교차로의 신호등 상태와 신호가 바뀌기까지 남은 시간을 HUD에 디스플레이해주는 시스템
Intersection Movement System	교차로를 지날 때 다른 차량과 충돌할 가능성이 높다고 판단되면 운전자에게 경고
Highway Driving Assist System	고속도로에서 차량의 모든 속도에 대해서 앞차와의 간격 조절과 차선 유지를 자동으로 제어해주는 시스템
Autonomous Emergency Stop System	자동차가 운전자의 상태를 판단하여 운전이 불가능한 상황이라고 예측되면 자동으로 갓길에 정차해주는 시스템
Variable Speed Limit System	운전자에게 현재 도로의 제한속도를 HUD를 통해 디스플레이해주는 시스템
Pederstrian Warning System	보행자와 충돌할 가능성이 높아지면 운전자에게 경고를 주어 제동하게 만들어주는 시스템
Narrow Passage Assistant System	좁은 골목을 지날 때 해당 시스템을 동작시키면 차량이 자동으로 좁은 통로를 운전함

자료: 현대차

Fig 12

현대차의 중장기 그린카 발전전략 – 2020년까지 친환경차 22개 모델 출시, 전기차 생산 2위 업체로의 비전 제시

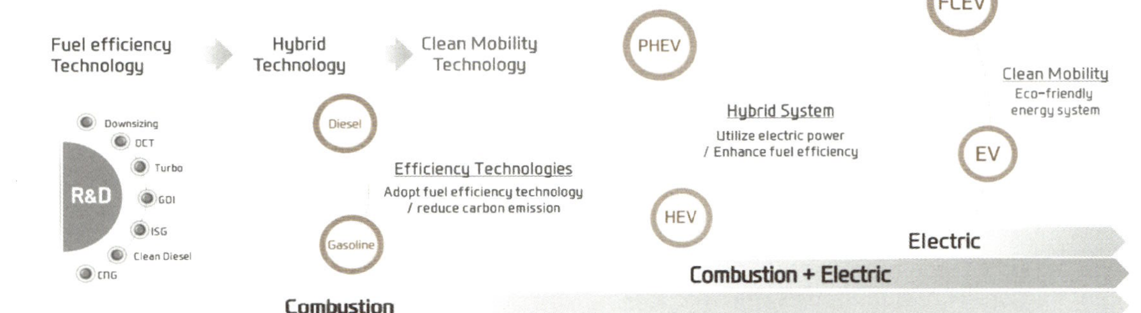

Green Car Development Trend

Establish a flexible platform to swiftly react to market changes

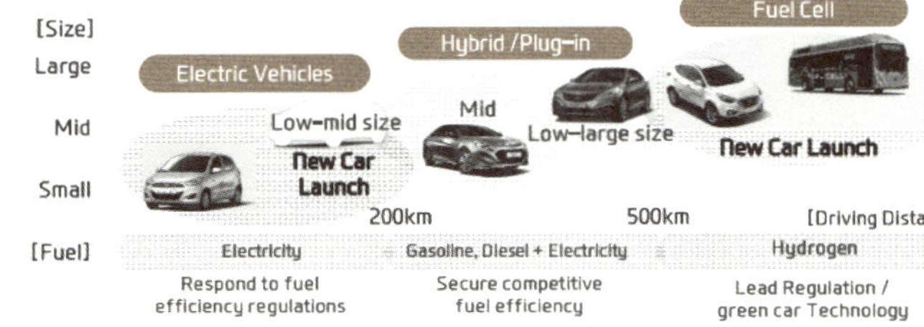

Line-up Strategy

Expand Green Car line-up to 22 models by 2020 to become the world's 2nd largest manufacturer of eco-friendly cars

Category	Current	By 2020
Rank	4th	2nd
Number of Green Cars	7 models	22 models

자료: 현대차

현대차가 빠른 추격자 전략을 추구하는 이유를 이해합시다.

현대차의 가장 큰 당면과제 중 하나는 선진국의 환경규제와 이에 대한 즉각적인 대응 전략이라고 해야 할 것입니다. 아직 명확한 방향 설정이 없는 상황이어서 현대차의 대응도 빠른 추격자 전략을 취하고 있다는 점을 잘 기억하시기 바랍니다. 그리고 제네시스가 국내외에서 크게 히트를 치고 있어 현대차에는 효자 노릇을 단단히 하고 있습니다. 어떤 첨단 기술들이 구현되어 있는지도 체크해두시기 바랍니다.

관련 자료 찾아보기 ⑨
검색 키워드 '미국 친환경차 가중치 전략'

'미국 친환경차 가중치 전략'을 키워드로 해서 관련 자료를 찾아보시기 바랍니다. 그 전략 때문에 현대차가 어떤 고민과 대응 전략을 준비하고 있는지도 체크해보시기 바랍니다.

04

수출시장과 내수시장을
움직이는 요소들

공급과잉과 수요초과 현상이 동시에 나타나는 시장

자동차산업의 공급과잉 우려는 수십 년간 지속되어온 이슈다. 만성적인 공급과잉은 규모의 경제를 달성하려는 업체들의 경쟁 심화에 따른 소산물이기도 하지만, 각국의 소득수준, 세금 및 규제, 관세 및 무역장벽, 기후 및 지형, 선호 브랜드 차이 등으로 국가 간 원활한 교역이 힘들어 나타나는 현상이기도 하다. 자동차산업은 고용유발효과가 크고 전후방 연관산업이 폭넓게 걸쳐 있어서 정부가 자국 자동차업체의 적자생존 및 구조조정을 용인하지 않는 경향이 강하다. 또 자동차산업을 자국의 주력 산업으로 육성하려는 신흥국가들의 전략적 목표가 만성적인 공급과잉을 만들어내기도 한다.

결국 공급축소를 자국의 경제력 약화로 인식하는 정부의 잦은 개입과 여러 가지 이유들로 지역별 수요-공급 간 불일치Mismatching가 발생해 공급과잉이 생기는 것이다. 심지어 같은 시대 다른 지역에서 공급과 잉과 수요초과 현상이 '동시'에 나타날 수도 있다. 이는 2009년 서브프 라임 모기지 사태로 인해 자동차 판매가 급감했던 미국과 동시에 정 책적으로 자동차 구매를 장려했던 중국에서 연간 40% 성장을 보인 시 장 상황에서도 살펴볼 수 있다.

재고급증 문제가 심각했던 미국과 업체별 물량부족Shortage이 심했던 중국 사이에 자동차 수출입은 제한적이었다. 당시 중국은 극도의 재 고부족을 겪었고, 업체들은 풀가동을 했지만 수요를 충족시킬 수 없 었다. 반면 미국에서는 자동차 재고급증으로 인센티브 지급은 물론, 차 한 대를 구입하면 한 대를 더 주는 파격적인 '1+1 이벤트'를 상당 기 간 지속할 수밖에 없었다. 급기야 정부가 폐차보조금을 지급해 재고 를 소진시키는 역할을 담당해야 했다. 만일 자유시장경제체제의 메커 니즘이 제대로 작동된다면 수요자와 공급자가 만나 이런 미스매칭이 발생하지 않을 것이며, 공급과잉 현상도 심각하지 않을 것이다. 하지 만 자동차는 각국의 교역에 있어 매우 큰 비중을 차지하는 재화이므 로 앞으로도 수출입, 안전 관련 규제는 지속될 수밖에 없다.

미국과 유럽 같은 대형성숙시장의 성장성이 제한되고 대형신흥시 장의 수요가 팽창하는 시기지만, 여전히 미국과 유럽의 유휴설비들로 인해 글로벌 생산능력Capacity은 높고 업체들의 가동률은 낮은 상황이 다. 그럼에도 불구하고 중국, 인도 등 대형신흥시장의 성장세에 참여 하지 않을 경우 도태될 수 있다는 우려로 신규 공장을 지을 수밖에 없

각국 시장에 각기 다르게 존재하는 수요공급(위) / 서브프라임 모기지 사태 직후 세계의 수요공급 상황(아래)

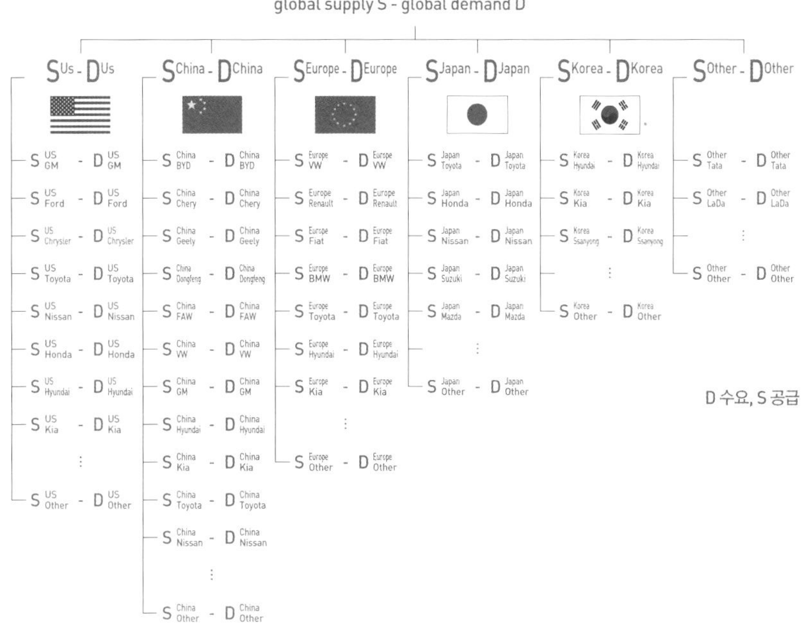

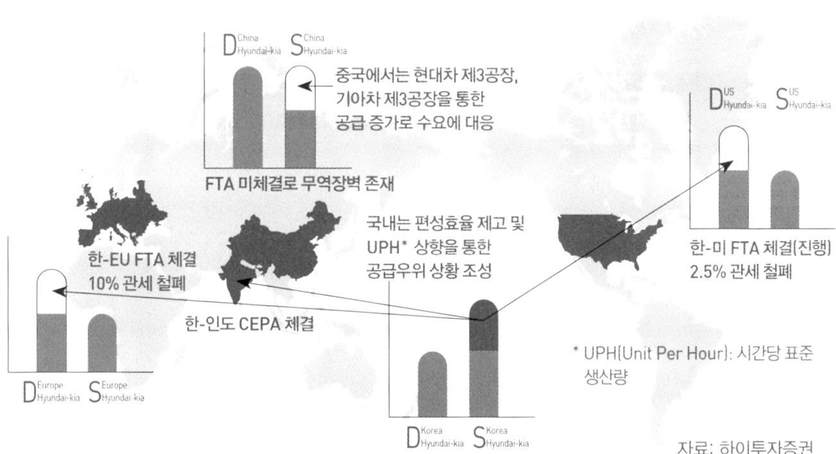

규모	성장성	국가	특징	기회 요인
대형	성숙	미국, 유럽	교체수요만 발생, 업체별 제로섬 전개	시장점유율 확대로 기존 메이커 추격 가능, 친환경차 및 SUV 기회
	신흥	중국, 인도	보급대수 미미, Motorizaion 진행	중국 3위, 인도 2위로 경쟁사 대비 선점효과 기대
	잠재	아프리카, 아세안	SOC 미흡, 투자-회수 간 시간 소요	아프리카 M/S 높고 아세안은 불모지로 기회 존재
소형	성숙	일본, 한국	소자국 브랜드 위주의 시장, 인구 노령화로 성장과 수익성 하락	일본은 소형화, 한국은 고급화로 차별화
	신흥	브라질, 멕시코, 러시아, 중동	광활한 영토, 추가 수요 가능성 높음, 가격 요소 중요	러시아, 브라질 침투 성공, 이외 지역은 기회 존재

자료: 하이투자증권

다. 여기에 로컬 업체들의 규모 전쟁 가세로 글로벌 공급과잉은 불가피할 수밖에 없다.

현대차의 가장 두드러지는 특징이 '팔리는 지역에 공장을 짓는다'는 원칙이다. 글로벌 공장이 위치한 곳이 한국, 미국, 중국, 체코, 터키, 인도, 러시아, 브라질인데 모든 공장에서 지난 수년간 가동률이 100%를 상회하고 있다는 것이 그것을 입증한다. 수요와 공급이 일치할 때 가동률이 높아진다는 측면에서 건강한 지표로 받아들일 수 있다. 양적성장에서 질적성장으로 경영전략을 이동시켰을 때도 역시 빠른 생산시설 증설 이후 일정 기간 가동률을 100% 이상으로 유지시키겠다는 의지가 반영된 것으로 본다. 높은 가동률은 높은 수익과 동의어다.

반면 아세안, 아프리카, 중동 등 대형잠재시장에 대한 대응이 '경제성'만으로 판단한 나머지 미흡하다는 점은 안타깝다. 일본, 미국 업체의 대응에 비해 분명 열위에 있기 때문이다.

현대차의 글로벌 생산전략이 어떤 환경에서 비롯되고 있는지 생각해봅시다.

세계 자동차시장은 현재 선진국의 생산과잉, 대형신흥시장의 수요폭증, 그리고 각국의 정책적 요인 등으로 미스매칭이 자주 발생하고 있다는 점을 알 수 있습니다. 현대차의 글로벌 생산전략도 이런 환경 속에서 만들어지고 있음을 잘 이해하시기 바랍니다.

관련 자료 찾아보기 ⑩
검색 키워드, '현대차 해외공장'

'현대차 해외공장'을 키워드로 현대차의 글로벌 생산기지에 대해 자세하게 살펴보시기 바랍니다. 간단하게나마 각 생산기지별 생산능력, 판매전략, 현지 특성 등의 기준으로 관련 내용을 정리해두는 것도 유용할 것입니다.

매출에 영향을 주는 수요상의 주요 변수들

현대차의 IFRS연결 손익계산서 상에서 매출구성은 ①자동차 생산 ②자동차 판매(소매) ③금융(현대캐피탈, 현대카드, HCA, HCC, HCE, HCI) ④기타(현대로템, 현대케피코, 현대오트론)로 이루어진다. 연결매출의 대부분은 역시 주력 제품인 자동차와 연관을 맺는다. 자동차 판매 증감의 변수는 매크로 영역과 마이크로 영역에서 모두 찾아볼 수 있다. 주로 수요를 결정하는 요소는 금리Autoloan rate, 실업률, 환율 등의 매크로 변수의

Fig 15

자동차 매출과 수익성을 결정하는 핵심 요인

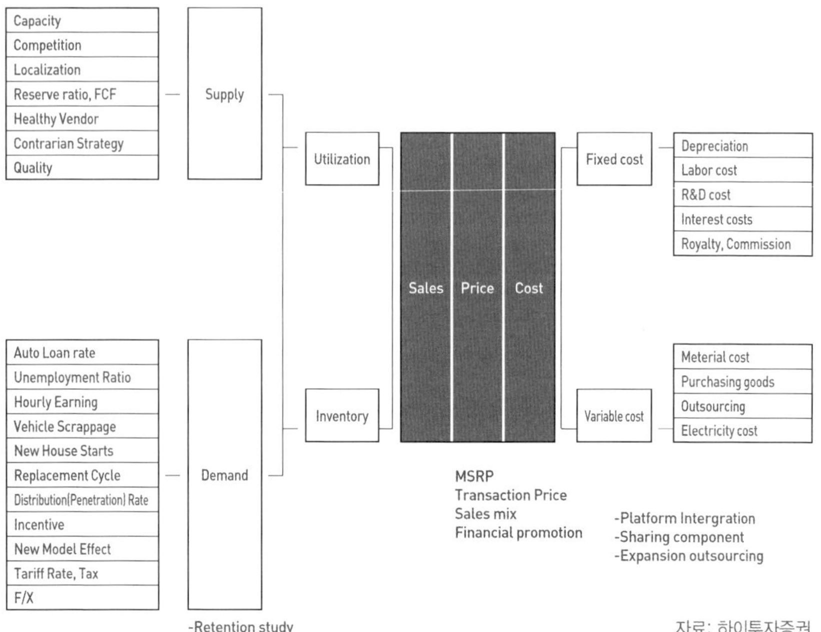

자료: 하이투자증권

영향을 많이 받고, 공급 측면에선 업체 간 경쟁, 업체별 생산능력, 자금능력 등 마이크로 영역의 영향을 받는다. 수요와 공급이 잘 맞아떨어질 땐 가동률이 높게 유지되고 재고 수준이 낮게 유지되는 반면, 수요에 비해 공급이 초과되는 상태일 때 재고가 쌓이고 가동률은 떨어지는 현상이 나타날 수밖에 없다.

자동차는 장기간 사용할수록 그 재화로부터 얻어지는 편익의 흐름이 소모되는 대표적인 내구성 소비재다. 자동차는 공간 이동의 목적으로 인해 외부 노출이 불가피하고, 연식 변경에 따른 디자인 개선 및 새 모델 출시로 인해 주기적인 교체 압박이 있는 제품이다. 자동차는 1,000만 원 이상의 고가 소비재로서 가처분소득에 상당히 큰 영향을 받을 수밖에 없기 때문에 소비자들의 가처분소득 상태를 판단하는 게 중요하다. 크게 차를 구입할 소비자들의 경제적 상태와 구매의지, 차량을 구매할 잠재고객층과 교체주기 등에 대해 살펴보자.

a. 차를 구입할 소비자들의 경제적 상태

고가 내구재인 자동차의 판매를 예상하기 위해선 소비자들의 상태를 먼저 파악할 필요가 있다. 가처분소득은 개인소득에서 개인의 세금과 세금 외 부담, 즉 이자 등 비소비 지출을 공제하고 여기에 이전소득(사회보장금, 연금 등)을 합친 개념이다. 따라서 가처분소득은 개인소비와 개인저축의 합이며, 개인소득은 개인이 받는 요소소득에 이전소득을 합계한 금액에서 세금을 제외한 것을 의미한다. 요소소득 중 가장 큰 비중을 차지하는 것이 고용자소득 즉 임금과 개인업주소득, 임대료 및 이자, 배당으로 이루어진 재산소득이다. 여기서 실업률(임금소득), 재산소득이 중요하고 가계부채는 이자비용, 수익과 추가 레버리지 가능성이란 차원에서 중요하다. 글로벌 자동차 소비 여력을 확인하기 위해선 더 큰 개념인 GDP성장률 확인이 필요하다. 구체적으로 요소별 특징을 살펴보면 다음과 같다.

① 실업률

실업률은 경제활동인구 중에서 직장이 없는 사람의 비율, 즉 통상 일할 의사와 능력을 가진 사람 중 일자리를 갖지 않은 사람이 얼마나 되는지의 비율이다. 보통 실업률이 높아지면 임금이 축소되고, 이로 인해 자동차 구매에 필요한 재화 역시 축소될 수밖에 없다.

하지만 서브프라임 모기지 사태 이후 미국에서 현대차가 시행했던 'Hyundai assurance program'의 결과를 보면 오히려 구직활동을 하기 위해선 자동차 구매가 필요하다는 정반대의 결과를 접할 수도 있었다. 각국 실업률과 자동차 판매의 상관성은 매우 밀접한 연관을 갖는다. 실업은 피코스코어Fico score 같은 신용에 영향을 미쳐 오토론Auto loan에 제한을 받을 수도 있기 때문이다. 최근 자동차 판매는 각국 실업률에 연동되고 있다.

② 가계부채

대부분 가계부채는 금융기관으로부터의 대출과 그에 따른 이자부담을 의미한다. 한국의 경우는 부동산 구입 이후 원리금 상환, 주택가격 하락에 따른 담보율 하락 등으로 가계부채 문제가 악화되고 있다. 이로 인해 최근 대출 연체율이 높아지거나 신용불량지수가 높아지는 것이다. 보통 주택으로 인한 가계부채가 상승해도 부동산 가격이 오르면서 자산효과Wealth effect가 발생하면 자동차 구입이 확산되는 경향이 있으나 근래에는 부동산 가격 하락과 가계부채 악화가 동시에 나타나고 있어 내수소비가 부정적 경향을 띤다.

③ 재산소득

재산소득은 금융자산 또는 토지와 건물을 제공한 것에 대한 보수를 의미하며, 임대료, 이자, 배당금 등의 형태로 귀속된다. 재산소득은 기본적으로 자산가들에게 해당되는 소득으로 고가 소비재에 더 영향력을 발휘할 수 있다. 최근 한국의 경우 글로벌 경제위기 여파로 대형 오피스 및 매장용 빌딩의 공실률이 높아지고 있고, 금리 인하로 인한 이자소득도 감소하고 있는 상황이다.

④ 임금소득

노동의 대가로서 대부분 자본주의 사회에서 가장 큰 비중을 차지하는 요소소득이다. 명목임금은 노동에 따른 대가이고, 실질임금은 명목임금으로 구입할 수 있는 상품의 양을 의미한다. 임금은 소비자의 입장에서는 구매력을 의미하며, 기업의 입장에서는 인건비, 노무비를 의미한다. 임금소득은 '노동자수 × 임금액수'로 결정되므로 실업률 상승에도 불구하고 임금소득이 증가한다면 그만큼 부의 불균형을 의미

할 수 있다. 최근엔 임금액수의 하향이 문제가 아니라 실업률 증가가
전체 임금소득을 낮추는 주요 원인이다. 임금소득의 하락 역시 자동
차 구매에 부정적 영향을 끼칠 수밖에 없다.

⑤ GDP/GDP성장률

GDP는 가장 주요한 거시경제 데이터로 한 나라의 모든 경제주체가
1년간 벌어들인 부가가치의 합을 의미한다. GDP성장률은 이 국민소
득이 일정 기간 얼마나 성장했는지에 대한 지표다. 통상 GDP는 절대
사이즈로 그 국가의 구매력을 판단할 수 있을 뿐 아니라 성장률로 소
비의 증감을 판단할 수 있다. 자동차 소비 역시 GDP성장률과 비례하
는 것으로 알려져 있다. 한 국가의 자동차 소비를 판단하는 데 있어서
도 가장 핵심적인 지표가 바로 GDP성장률인 것과 마찬가지이다. 최
근 글로벌 자동차 수요가 완만한 성장에 머물러 있는 이유도, 향후 자
동차 소비전망을 강하게 제시하지 못하는 이유도 글로벌 GDP성장률
이 둔화될 우려 때문이다. GDP와 자동차 판매 간 상관성은 무려 R^2(회
귀식의 결정계수)값이 96%에 달할 정도다.

⑥ (역)자산효과

자산가격 상승과 더불어 소비가 증가하는 현상을 말한다. 이자, 배
당 등 확정적인 현금으로 유입되는 재산소득과는 다른 형태로, 주가
가 상승하거나 주택, 토지 등 부동산 가격이 상승함과 동시에 그 자산
으로부터 창출될 미래가치가 증가할 것으로 예상, 이를 현재가치로

환원해 소비심리가 개선되는 현상이다. 반대의 경우를 역자산효과라 칭하며 특히 자산효과 발생 시 레버리지를 동원했다면 역자산효과에서 소비 감소는 더욱 두드러질 수 있다.

자동차 소비 능력을 결정짓는 6가지 요소를 잘 이해합니다.
자동차 소비자의 소비 능력을 결정짓는 6가지 요소들이 무엇인지 잘 알아두시기 바랍니다. 특히 가계부채는 최근 우리나라 경제에 있어 주요 이슈로 등장한 만큼 그 추이와 현황 정도는 체크해보시기 바랍니다.

관련 자료 찾아보기 ⑪
검색 키워드, '조사통계월보'

위 요인들과 관련한 구체적인 수치들은 한국은행 홈페이지에 들어가서 '조사통계월보'를 살펴보시기 바랍니다. 관련 수치와 함께 추이에 대한 설명도 함께 읽어보면서 이해의 폭을 넓혀보시기 바랍니다. 이런 자료에 대한 이해는 비단 현대차뿐만 아니라 여타 기업 취업준비에도 큰 도움이 될 것입니다.

b. 차를 사고 싶은 의지

돈이 있는지 여부를 확인했으면, 그 돈을 자동차 구입에 사용할지 의사를 판단해야 한다. 이는 소비자신뢰지수와 가계소비지출로 자동차 구매의사를 판단할 수 있을 것이다. 거기다가 소비가 둔화될 때 제시되는 국가의 자동차 구매 보조정책 역시 소비의 방아쇠^{Trigger} 역할을 해줄 수 있다. 소비자들의 구매의사가 있는 상태에서 구매보조금까지 제시된다면 소비둔화기에 생긴 '억눌린 수요^{Pent up demand}'가 빠르게 구매로 연결될 수 있다고 보기 때문이다.

① 각국의 소비자신뢰지수

미국 소비자신뢰지수의 예를 들면, 경제상태를 나타내는 선행지수로 보통 미시간대학교에서 매년 발표하는 소비자심리지수와 미국의 민간 경제연구기관인 컨퍼런스보드^{Conference Board}가 매월 발표하는 자료가 핵심 데이터로 사용된다. 이 지수는 현재의 경제상황, 고용상태, 6개월 후의 지역경제, 고용 및 가계 수입에 대해 미국 5,000개 가구가 생각하고 있는 전망을 토대로 작성된다. 소비자신뢰지수는 말 그대로 소비자, 즉 일반인들이 향후 미국의 경제체력을 어떻게 판단하는지 알 수 있는 조사치다. 소비자신뢰지수가 긍정적인 방향이라면, 아무래도 향후 6개월간 소비가 활성화될 수 있을 것이다.

소비자신뢰지수는 향후 소비에 대한 소비자들의 심리를 읽을 수 있다는 측면에서 매우 요긴한 지표다. 특히 자동차 소비를 선도하는 미국의 소비자신뢰지수는 주목해야 할 필요가 있다.

② 가계소비지출 추이

가계소비지출이란 가계가 소비재, 내구재, 비내구재, 용역 등을 구입한 대가로 지출하는 일체의 비용으로, 총지출 중 가장 큰 비중을 차지한다. 가계를 3~4인의 소비자 구성원 집단으로 본다면 경제의 흐름을 판단하기에 매우 요긴한 지표가 된다.

③ 각국의 자동차 부양정책과 자동차 관련 세금

자동차산업은 전후방산업이 방대하여 경제유발효과가 클 뿐 아니라 고용유발계수가 커서 경기하강 국면이나 내수침체 시 부양정책의 대상이 된다. 특히 미국이 서브프라임 모기지 사태 이후 급감한 자동차 판매로 인해 폐차보조금 정책을 쓴 것이나, 유럽이 유로존 리스크로 인해 폐차보조금을 서둘러 시행한 것, 중국의 내수부양 정책에 이구환신, 기차하향, 친환경보조금 같은 정책이 포함되는 것도 이런 맥락으로 이해할 수 있다.

우리나라의 경우도 특소세(개별소비세)의 변화를 통해 판매를 조절하는 정책을 종종 사용하고 있다. 최근 일본은 하이브리드 자동차에 지속적인 국가보조금을 지급하고 있고, 이로 인해 전 세계 하이브리드 자동차의 54%가 일본에서 판매되고 있다. 2011년 전 세계 83만 대 판매된 하이브리드 자동차 중 45만 대가 일본에서 판매되었으며, 미국이 28만 대, 유럽이 9만 대에 불과한 점이 국가 정책의 중요성을 대변한다.

현재 어려움에 봉착해 있는 유럽 자동차시장에서 르노나 PSA가 자국에서의 판매 증진을 위해 국가에 폐차보조금 지원을 강하게 요구하는 것도 이러한 맥락이다. 다만 국가의 부양정책 시행 전후로 대기수요·선수요로 인한 부작용이 수반되는 것은 고려해야 할 사항이다. 이러한 부양은 비단 판매뿐 아니라 생산에 있어서도 국책과제나 국가의 산업정책 수립 시 지원으로 이어진다. 해외 업체 유치를 위해 산업단지를 제공하거나 세금을 감면해주는 것도 일종의 부양정책으로 볼 수 있다.

④ 유가

친환경차가 보급되고 있긴 하지만 여전히 화석연료를 이용한 내연기관이 99% 이상 차지하고 있기 때문에 유가가 자동차 운행거리와 신차 구매 시 차종의 선택에 미치는 영향은 지대하다. 국제유가가 150달러 이상으로 치솟았던 2009년 미국에서의 신차 판매 둔화와 경트럭이 감소하고 승용차 부문, 특히 소형차 판매가 급증한 것도 유가의 영향이다. 반대로 최근 낮아진 유가로 인해 픽업트럭, 대형 SUV, 밴 등 연비가 불리한 차량이 다시 인기를 끄는 것도 이러한 까닭이다. 유가의 급등락에 따라 차종의 변화가 연출되지만, 기술의 발달과 각국의 규제 강화로 고연비차를 선호하는 현상은 지속될 가능성이 높다.

⑤ 도로보급률

도시화된 선진국에서 도로 확대가 자동차 보급에 미치는 영향은 제한적이라고 본다. 하지만 글로벌 자동차 소비의 핵으로 떠오른 중국의 경우는 예외다. 상하이, 북경, 광저우 등이 번호판 입찰제를 실시하고 있다. 이들 지역의 도로 면적이 자동차 보급대수의 빠른 증가를 감당하기 힘들어지자 신차 판매 억제책으로 번호판 입찰제를 시행하는 것이다. 중국이나 인도와 같은 신흥 자동차 소비국의 경우 향후 도로보급율의 확대가 신차 판매에 미치는 영향에 매우 중요한 변수가 될 수 있다. 규제 차원이 아니더라도 상습 정체 지역에서는 차량 소유욕이 낮을 수밖에 없다.

c. 차량의 잠재 구매자와 교체주기

① 인구와 인구 피라미드

인구동태학적 분석은 교체수요가 주를 이루는 미국, 일본, 유럽 등의 자동차 소비를 예측하는 데 매우 중요한 근거가 된다. 특히 일본의 경우 심각한 노령화로 인해 자동차 내수시장 위축이 진행되고 있다. 자동차의 주된 소비층인 30~50대 인구가 감소하고, 60대 이상의 노인층 비중이 확대되면서 자동차 구매 패턴에도 많은 변화가 생기고 있다. 노령화에 따른 통행목적 변경(업무, 출퇴근 → 친교, 개인용무)으로 단거리 차량 중심의 실용적인 경향이 강화되고 있는 것이다. 경·소형차가 전체의 60~70%를 차지하는 것도 이와 무관하지 않으며, 내수시장의 업체별 이익기여도가 매우 낮아지고 있다.

동시에 젊은 소비자들의 면허 취득에 대한 관심이 현저히 감소하고 있는 것도 중요한 요인이다. 이러한 현상은 'N세대'라 불리는 미국의 젊은이들 사이에서도 동일하게 나타나고 있다.

② UIO와 교체주기

UIO(Units in Operation, 총등록대수)는 해당 국가에 운행중인 차량의 총합을 말한다. 신차 판매량과 폐차량을 계산하면 구할 수 있다. UIO와 신차 판매량을 가지고 교체주기를 간단히 계산해볼 수 있다. 1,000대의 UIO가 있는 국가에 신차 100대가 판매되었다면 교체주기가 10년이라고 판단할 수 있는 것이다. 보통 '신차 판매→중고차 매매→폐차'의 수순을 밟기 때문에 교체주기는 신차를 구매한 일반인의 교체주기에 비해 길게 마련이다. 미국, 유럽, 일본 같은 성숙(교체)시장에서 신차 판매가 급감했다면 역으로 교체주기가 연장되고 있음을 알 수 있다. UIO가 2억 5,000만 대에 달하는 미국의 경우 연평균 1,600~1,700만 대의 신차가 판매(교체주기 15년)되다가 서브프라임 이후 1,040만 대까지 축소(교체주기 24년)된 것은 교체주기가 약 9년 연장된 것과 같은 의미다. 이러한 신차 판매 감소는 교체주기의 연장을 의미하므로 경기회복 시 억눌린 수요의 원인이 된다. 2009년 이후 미국의 완만한 신차 판매 증가가 당시 억눌린 수요로 인한 결과인 것이다.

자동차 구매의지와 교체주기 등의 요인들이 마케팅이나 전략 기획에 어떤 영향을 주는지에 대해 생각해봅시다.

'자동차를 사고 싶은 의지'와 '차량의 잠재 구매자와 교체주기'에 해당하는 각각의 요인들은 자동차 마케팅이나 전략 기획에 있어 매우 중요한 요소들입니다. 만일 해외 특정 지역에 대한 마케팅 전략을 짜라는 문제가 있다면, 이 두 요소와 앞에서 언급된 소비자 경제 여건 등 세 가지 관점에서 환경 점검을 해보면 좋은 평가를 받을 수 있을 것입니다. 산업에 따라 각각의 요인들은 다를 수 있지만 수요를 결정짓는 요인들이 무엇인지를 제대로 이해하는 것만으로도 산업이나 해당 기업에 대한 이해도를 한층 높여줄 수 있습니다.

관련 자료 찾아보기 ⑫
검색 키워드, '산업 및 거시경제 환경', '시장 여건 분석' 등

　프레젠테이션(PT) 면접에서 흔히 무엇에 대해 전략을 수립해보라는 질문이 자주 등장합니다. 하나의 대안은 일정한 자신만의 프레임을 갖고 있는 것입니다. 기본은 산업 및 거시경제 환경, 시장 여건 분석, 고객 이해 등 세 측면에서 각각의 내용들을 파악하는 것입니다. 현대차의 경우 이 책에 있는 각각의 내용을 기본으로 해서 각자 나름대로의 참고 자료를 추가한다면 면접에 대비한 훌륭한 콘텐츠를 갖추게 될 것입니다.

05

예전의 방식이
통하지 않는 시장

가성비만으론 부족하다

현대차의 성장 비결로 항상 언급되는 것이 '가성비價性比' 즉, 가격 대비 성능이 탁월하다는 점이다. 특히 현대차의 도약기인 2009년 이후 YF쏘나타, 아반떼MD가 시장에 선풍적인 인기를 끌었던 것은 부담 없는 가격에 획기적 디자인과 GDI(Gasoline Direct Injection, 가솔린 직분사)엔진을 과감하게 도입해 일본 제품을 능가하는 품질을 선사했기 때문이다. 일본의 제품들이 IDI(InDirect Injection, 간접분사)엔진을 달고 판매되었던 것에 비하면 당시 GDI엔진의 조기 도입은 분명 가성비에서 월등한 경쟁력이 아닐 수 없었다. 뿐만 아니라 환율까지 유리하게 작용해 가격경쟁력에 보탬이 되었던 것이 사실이다.

하지만 일본 브랜드들도 곧 상품성을 강화하고 디자인에 변화를 준페이스리프트Face lift 모델을 출시하여 격차를 좁혀왔다. 거기에 2012년 이후 급격한 엔화 약세에 힘입어 공격적인 권장소비자가격MSRP 하향과 인센티브 강화로 실구매가를 크게 낮추면서 가격 차이는 거의 사라졌다. 그간 현대차는 '제값 받기' 전략을 고수하며 인센티브를 통제해왔으나, 일본 업체들의 이 같은 마케팅과 가격인하 효과로 현대차 역시 인센티브 지급을 늘리지 않을 수 없게 된 것이다.

아래 표에서 보듯 경쟁이 가장 심한 현대 쏘나타와 도요타 캠리, 혼다 어코드의 미국 소비자실거래가(소비자가격에서 딜러와 소비자 인센티브를 차감한 실거래가격)는 2만 1,000~2만 2,000달러 수준으로 이제 거의 차이

Fig 16

현대차 주력 모델인 쏘나타와 경쟁 차종의 미국시장 거래가격

	2015 Honda Acoord	2015 Hyundai Sonata	2015 Toyota Camry
Trim	LX Manual Sedan	4dr Sdn 2.4L SE	4dr Sdn 14 Auto LE(Natl)
MSRP	$22,105	$22,150	$22,970
Invoice	$20,237	$20,295	$21,017
Avg. Paid	$21,420	$21,292	$22,637
Overall	8.7	8.7	8.7
Critics Rating	9.1	9.3	8.8
Performance	7.9	7.5	7.6
Interior	8	8.6	7.8
Safety	9.6	9.4	9.3
Reliability	4	3.5	4.5

자료: 하이투자증권

가 없어졌다. 아반떼 역시 1만 7,000달러 선이나 도요타 코롤라가 1만 6,000달러 후반대로 내려가면서 가격 역전이 일어난 상황이다. 이제 가성비를 무기로 경쟁에서 승기를 잡기는 어려워진 것이다.

하지만 동일 제품군에서의 가격 비교도 중요하지만 가격 결정의 주요 요인인 환율과 제품믹스Product Mix, 럭셔리High-end 제품 구비 여부도 중요한 요소다. 현대차의 경우 수출 위주 판매가 주를 이루고 있고, 주요 부품을 현지에서 조립생산하여 공급하는 CKD(Complete Knock Down) 방식으로 인해 환율의 변화에 따라 가격에도 변동이 생길 수밖에 없다. 엔고 시절 고전하던 일본 업체들이 엔화 약세로 인해 트림Trim 사양이 다양해지고 옵션이 개선되는 등 경쟁력이 향상되고, 인센티브 여력이 확대되며 가격이 하락한 것도 환율의 영향이다.

제품믹스는 저가 소형차와 고가 대형차 판매 비중으로 결정된다. 아직까지 현대차의 글로벌 위상과 중심 차종은 준중형(아반떼)에 머물고 있다. 중대형차와 SUV로 믹스가 개선되어야 평균가격이 높아질 수 있다. 미국 업체와 일본 업체는 픽업트럭 생산을 통해 준중형차에 비해 3~4배 높은 부가가치를 창출하고 있기도 하다. 또 현대차는 제네시스 출시와 에쿠스 수출 개시에도 불구하고 진정한 의미의 럭셔리 브랜드를 가지고 있지 않다. 도요타의 렉서스Lexus, 닛산의 인피니티Infiniti, 혼다의 아큐라Acura, 폭스바겐의 아우디Audi, GM의 캐딜락Cadillac, 포드의 링컨Lincoln 같은 브랜드 부재가 아쉽다.

판매 전략을 바꾼 이유 생각해보기

가격 경쟁보다는 근본적인 판매 전략으로 바꾼 이유를 생각해봅시다. 최근 현대차 정몽구 회장은 가격 경쟁보다는 판매 전략을 바꿔야 한다는 점을 여러 차례 강조한 바 있습니다. 비싸고 좋은 차를 해외에서 많이 팔기 위해서는 가격 경쟁만으로는 한계가 있다는 판단에서일 것입니다. 엔저에 따른 할인 마케팅의 어려움과 더불어 신형 제네시스와 쏘나타에 대한 품질에 그만큼 자신감이 있기 때문일 것입니다. 현대차의 해외 판매 전략에 대해 자세하게 살펴보시기 바랍니다.

관련 자료 찾아보기 ⑬
검색 키워드, '현대차 해외 판매 전략'

'현대차 해외 판매 전략'을 키워드로 언론에 그동안 소개된 다양한 내용들을 먼저 잘 챙겨 정리해보시기 바랍니다. 또한 글로벌 경쟁사들의 판매 전략도 함께 살펴보면서 시사점을 도출해보면 매우 유용한 콘텐츠가 될 것입니다.

해외 브랜드 수입 확대로 위협받는 내수시장

시장점유율은 지역별로 워낙 차이가 커서 어떤 시장을 중심으로 보느냐에 따라 결과가 다를 수밖에 없다. 독점적 지위를 거론할 수 있는 시장은 역시 내수시장이다. 해외 업체에 지분이 넘어간 르노삼성, 쌍용차, 한국GM의 판매가 감소하면서 현대차와 기아차의 내수시장 지배력이 강화되었기 때문이다. 20%를 하회하던 기아차의 시장점유율이 플랫폼 통합과 디자인 개선으로 30%를 넘어서면서 현대차와 기아차의 합산 시장점유율은 2009년 80%까지 높아졌다.

하지만 2000년 0.3%에 불과하던 수입차 판매가 본격화되면서 매년 큰 폭으로 증가세를 보였고, 현재 수입차 비중은 2015년 1분기 15% 수준(승용부문은 20%)까지 높아졌다. 현대·기아차의 시장점유율이 70%를 하회한 가장 큰 원인이라고 볼 수 있는 것이다. 일본 최대 자동차업체인 도요타의 내수시장 점유율이 다이하쓰Daihatsu와 히노Hino를 합산해 44~45% 수준, 미국시장에서 GM, 포드, 크라이슬러 빅 3의 총합이 45%

업체별 내수시장 점유율 추이

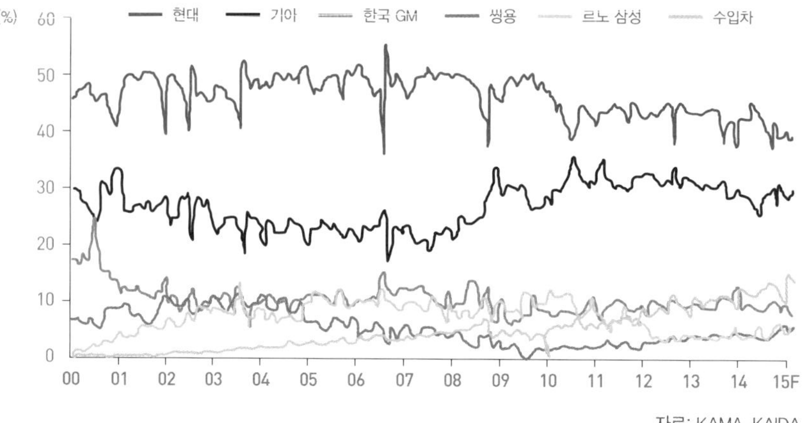

자료: KAMA, KAIDA

수준임을 감안하면 현대·기아차의 내수시장 점유율은 여전히 높은 편이다. 독점적 지위를 이용한 가격 상향 비판이 많지만, 근본적으로는 한국만의 독특한 고가, 대형차 선호현상에 대한 부분을 생각해봐야 한다.

내수 판매는 에쿠스, 제네시스, 아슬란, 그랜저, 쏘나타의 중대형차 비중이 압도적으로 높다. 실제로 한국 자동차시장은 고가 차량인 제네시스DH 판매량이 저가 액센트RB 판매량보다 56%나 많은 독특한 구조다. 전문가들의 분석은 C세그먼트(아반떼 급)에서 유럽, 일본 수입차의 본격적 침투가 없다면 수입차의 증가가 무한정 지속되기는 어려울 것으로 보고 있다. 가장 저렴한 C세그먼트인 일본의 도요타 코롤라Corolla의 국내 판매가격이 아반떼에 비해 천만 원 이상 차이가 나는 상황이기 때문이다.

수입차 비중 확대에 대한 현대차의 대응 전략을 고민해봅시다.
수입차 비중의 급격한 증가세는 현대차에 중요한 경영 이슈가 되고 있습니다. 이런 추세를 극복하려면 어떤 전략이 필요할지에 대해 생각해보시기 바랍니다.

품질, 환경, 여론 등 규제와 감시가 상존하는 산업

한국의 재벌 구조는 매우 독특해 견제와 감시를 많이 받는 동시에 국가 경제의 핵심 기업으로서 혜택도 많이 받는 게 사실이다. 현대차그룹도 재계 2위로 각종 정치, 여론, 사회단체, 소비자운동, 노동운동 등의 견제에서 자유로울 수 없다. 최근엔 통상임금, 비정규직 문제 등 민감한 이슈에 대표성을 띤 소송을 치루기도 했다. 자동차 업종만으로 국한해서 생각해도 각국에서 새로 신설되는 까다로운 규제를 충족해야 한다. 최근 '전측면 충돌 테스트(Small Overlap Frontal Crash Test)'와 같이 강화되고 있는 안전 기준, 이산화탄소 배출량 기준, 평균연비 기준 등을 만족시키지 않을 경우 페널티를 받아야 한다.

그리고 소비자의 품질에 대한 요구가 강해지고, 안전에 관한 규제가 강화되면서 리콜Recall 건수가 크게 늘고 있다. 도요타, 혼다, GM이 대규모 리콜로 조 단위 규모의 비용을 치룬 것도 이런 까닭이다. 플랫폼 통합이 활발해지고 부품 공유가 늘면서 한 번의 리콜 조치로 동시에 수십~수백만 대의 차량이 대상이 되고 있다. 보상 규모도 천문학적 단위로 커져 기업의 실적을 좌우할 뿐 아니라, 브랜드에 치명적인 상처를 남기기도 한다. 각국의 높은 관세 역시 자국의 산업 보호를 위한 일종의 국가 견제로 볼 수 있다. 이외에도 자동차 관련 세금정책이나 공무원의 자국 차량 이용 강제화 등 자동차산업에 대한 다양한 견제와 감시가 존재한다.

2014년 사상 최대치를 보인 미국 자동차 리콜 건수와 대상 대수

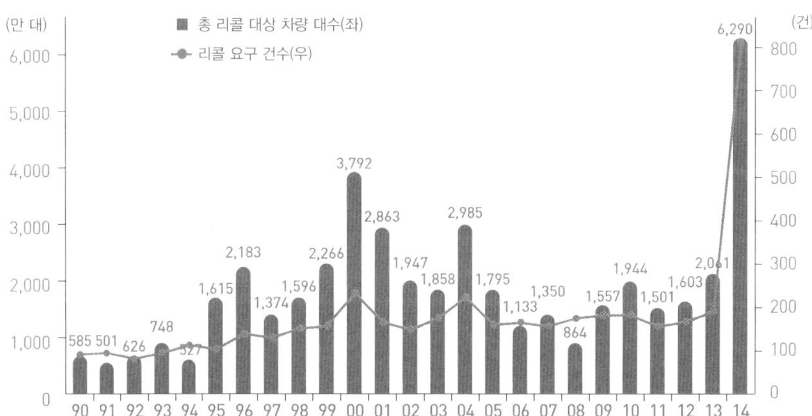

자료: NHTSA

자동차 관련 규제에 대한 대략적인 윤곽을 체크해봅시다.
자동차 관련 규제는 환경에서 정치적 요인들까지 매우 다양합니다. 각 요인들의 주요 내용이 무엇인지 정도는 관련 자료를 활용해서 이해하면 좋겠습니다.

관련 자료 찾아보기 ⑮
검색 키워드, 'Small Overlap Frontal Crash Test' 등 

'Small Overlap Frontal Crash Test', 'CO$_2$ 배출량 기준'. '평균연비 기준' 등 자동차 업계에서 자주 다뤄지는 내용들은 보다 정확한 이해가 요구되므로 위 용어들을 직접 검색하여 관련 자료를 체크해보시기 바랍니다.

인력 이동이 활발하지 않은 시장

자동차산업은 IT산업과 달리 인력의 이동이 활발하진 않다. 현대차만 하더라도 총인력의 대부분을 차지하는 생산직 근로자들의 평균근무연수가 17.6년으로 매우 길다. 평균연령은 46세 정도로 추정된다. 신규 채용이 감소한 까닭에 평균연령이 높아진 것으로 보인다. 현대차의 평균연령은 한국 광공업 생산직 평균연령인 43.6세보다 2.4세가 높다. 일본 도요타자동차 생산직 근로자의 평균연령 38.6세보다는 무려 7.4세가 높은 수준이다. 그리고 급여 수준도 국내 업체 중 가장 높아 이직이 활발하진 않다. 현재 매년 정년퇴직하는 인원은 500~600명 수준이지만 2020년엔 연간 2,000명에 달할 것으로 보인다. 향후 신규 채용 인력이 늘어남과 동시에 평균연령은 낮아질 수 있을 것이다.

생산직과 달리 연구개발 인력과 디자이너, 마케팅 같은 전문 분야에서 이직은 상대적으로 많을 것으로 보인다. 최근 현대차그룹의 새로운 인재 영입 전략은 '해외 인재의 깜짝 영입'으로 표현할 수 있다. 독일에서 활동하던 아우디 수석디자이너 피터 슈라이어Peter Schreyer, 벤틀리 디자인을 담당했던 루크 동커불케Luc Donckerwolke, BMW의 M시리즈

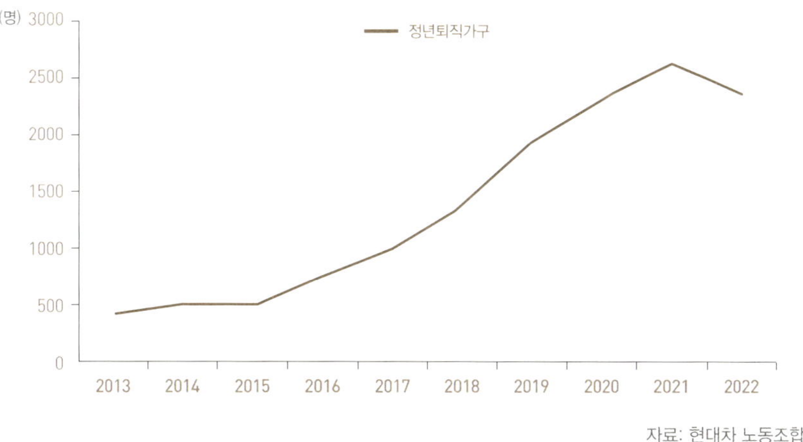

Fig 19

현대차 연도별 정년퇴직자 추이 및 전망 – 현대차의 국내 사업장은 성장기에 다수 인력이 입사한 까닭에 평균연령이 높은 구조. 점차 퇴직자 수가 늘다가 2021년 이후 감소 전망

자료: 현대차 노동조합

총괄책임자 알버트 비어만Albert Biermann, WRC의 총괄책임을 맡은 미쉘
난단Michel Nandan 등의 영입도 이러한 맥락이다.

이슈나 쟁점을 자소서에 어떻게 활용할지 고민해보시기 바랍니다.
현대차는 국내영업, 해외영업, 재무 등 경영지원 파트는 상시 공채
로, 연구개발과 공정 등 이공계는 정기 공채로 구분해서 뽑고 있습니다. 특
히 개인의 학력과 배경보다는 자기소개서에 높은 비중을 두는 것으로 알려
져 있으므로 막연한 자기소개보다는 기업분석에서 얻은 이슈나 쟁점들을
자신의 소양이나 능력과 잘 결부시켜 작성하시기 바랍니다.

06

경쟁과 규제 속에서
새로운 수익 창출하기

고가 제품 라인을 통한 수익성 돌파구 찾아야 할 때

현대차의 영업이익률은 7~10% 수준으로 글로벌 양산업체 중 가장 높은 수준이다. BMW가 럭셔리 브랜드로 1위를 기록하고 있고, 양산 메이커 중에서는 도요타와 현대차가 환율의 유불리에 따라 1위를 번갈아 기록하고 있다. 양호한 환율 환경 하에서 양적성장이 매년 지속되고, 신모델 효과가 세계시장에서 동시에 발휘됐으며, 기아차와의 플랫폼 통합으로 원가 절감이 가능해지면서 2009~2012년까지의 영업이익률은 10%를 넘어설 정도로 좋았다.

하지만 '엔화약세—원화강세기'가 오래 지속되면서 수익성이 7%대까지 하락한 바 있다. 특히 판매의 60%를 차지하는 신흥시장 통화가 큰 폭 약세로 전환되면서 표시통화인 원화로 환산하는 과정에서 외형 및 수익 축소가 나타나고 있다. 환율에 의한 수익성 악화는 반대로 환율 개선 시 나아질 수 있는 측면이 있다. 하지만 해외 경쟁업체와 유사한 수준으로 가격이 인상되었기에, 앞으로 럭셔리 브랜드 도입이나 제품믹스 상향 없는 판매가 인상은 제한적일 수밖에 없다.

또한 연비 개선 요구가 거센 만큼 터보차저, EGR, DCT 등 고가의 부품 장착이 불가피하고 능동적 안전시스템과 ADAS 장착이 확대될 수밖에 없다. 대규모 리콜 확대로 인한 충당금 설정, 전기차 및 수소차 개발 등에 필요한 비용 증가 등 수익성 개선은 쉽지 않을 전망이다.

통상임금 문제나 비정규직의 정규직 전환 등 노무비 부담이 커질 개연성도 존재한다. 다만 현대·기아차의 경우 현재 800만 대 규모에서 1,000만 대까지 확장을 계획하고 있고, 이 과정에서 추가적인 규모의 경제효과와 외형 확대를 기대할 수 있다.

또 해외공장을 지난 10년간 압축적으로 건설했고, 감가상각 연한이 10년인 만큼 기존 공장의 감가상각 부담이 감소할 때가 되었다는 점은 고무적이다. 그리고 럭셔리 브랜드의 도입이나, 고성능카^{High performance car}, SUV 라인업 확대 등 기존 전략과 달리 고수익 제품의 비중을 높이는 쪽으로 방향이 전개된다면 추가적인 수익성 개선도 가능할 것이다.

글로벌 자동차업체의 영업이익률

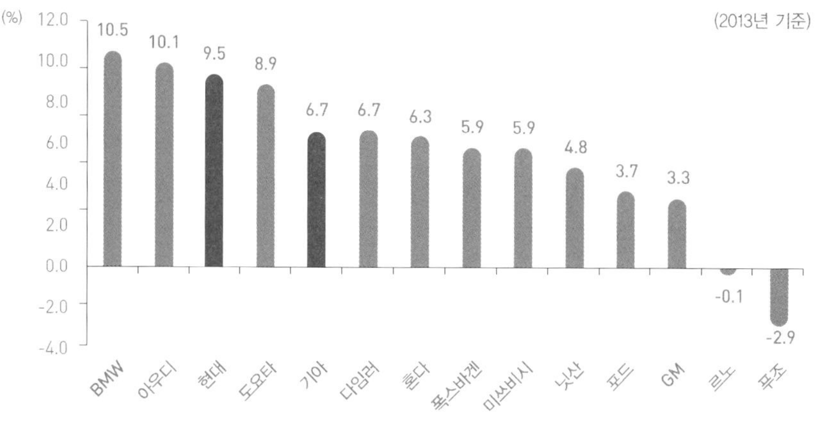

멘토의 Tip ⑲ 　　　　　　　수익창출 능력과 리스크 요인 이해하기

현대차의 수익 창출 능력과 리스크 요인들을 이해합니다.

현대차의 영업이익률은 세계 최고 수준입니다. 다만 환율 변동, 연비 개선 요구, 대규모 리콜에 대비한 충당금 부담, 전기차 및 수소차 개발, 통상임금 문제 등 수익성에 부정적 영향을 주는 다양한 요인들이 존재한다는 점도 인식하시기 바랍니다.

빅3와 중국 브랜드의 추격 사이에서 살아남기

세계 자동차시장은 머지않아 연간 자동차 판매 1억 대 시대를 맞이할 것으로 보인다. 이미 도요타, 폭스바겐, GM 등 빅3의 연간 생산이 천만 대에 도달해 새로운 전략이 필요한 때다. 도요타는 현재 일본, 미국, 아시아에서의 성공에 더해 중국, 인도, 브라질, 멕시코에서 사세를 확장하겠다는 전략이다. 하이브리드차와 수소연료전지차를 앞세운 친환경차 비중도 지금보다 훨씬 높일 것으로 보인다. 폭스바겐은 유럽과 중국에서의 압도적 위상에도 불구하고 미국과 남미, 인도 등에서 열세를 보이고 있다. 향후 중국에서 100개 모델을 출시하고 부진한 지역에서의 만회를 염두에 둔 전략을 구사할 것으로 보인다. 또 향후 플랫폼 공용화로 2020년까지 약 50개 모델을 MQB(Modularer Querbaukasten, 가로 형태 모듈러) 플랫폼으로 생산할 계획을 가지고 있다. GM은 세계 1, 2위 시장인 중국과 미국에서 선두의 위상을 가지고 있지만, 유럽과 신흥시장에서의 부진으로 골머리를 앓고 있다. 중국에서의 사업을 강화하는 한편 태국, 인도, 인도네시아 등에서 사세를 확장하겠다는 전략을 가지고 있다.

빅3의 뒤를 바짝 쫓고 있는 르노-닛산은 카를로스 곤Carlos Ghosn의 카리스마 경영으로 850만 대의 생산에서 글로벌 3위까지 도약하겠다는 계획을 세우고 있다. 대표적인 것이 닛산의 'Power 88(시장점유율 8%와 영업이익률 8%)' 전략이다. 르노의 부진을 닛산이 상쇄해주는 상황이었지만 유럽의 소비 회복과 더불어 개선 가능할 것으로 보인다. 여기에 러시아 최대 기업인 아브토바즈까지 인수해 현대차그룹과의 격차를 벌리고 있다. 미국의 서브프라임 모기지 사태와 유럽의 유로존 리스크, PIGS 사태(포르투갈, 이탈리아, 그리스, 스페인 네 나라가 과도한 빚 때문에 원금도 이자도 못 갚는 상황을 일컬어 붙여진 신조어)를 거치면서 대형 업체의 도산 가능성이 대두된 바 있었지만, M&A와 각국 정부의 지원으로 생존에 성공했다는 점도 특이하다. 볼보가 길리기차吉利汽车에 인수되고, 가장 불안했던 PSA 역시 프랑스 정부와 중국 장안기차长安汽车의 지분 인수로 살아남게 되었으며, 생사를 걱정하던 미국 크라이슬러와 이탈리아 피아트가 합병을 통해 모두 살아남게 되었다. 대부분 업체가 글로벌 경기침체기를 거치고 회복기를 맞이하면서 현금 동원 능력이 향상되었다. 이를 통해 새로운 설비투자와 합병의 재원을 확보하고 있는 상황이다.

또, 친환경차 기술 개발에도 집중하고 있다. 국내시장에 국한해 생각해보면, 경쟁상 변화 중 가장 신경이 쓰이는 것은 아무래도 내수시장에서 수입차 시장점유율이 매년 큰 폭의 증가세를 보여 15%까지 확대되었다는 점이다. 유로화, 엔화 약세에 힘입어 수입차 가격이 하락하고 있고, 부족했던 딜러 및 A/S망이 확대되고 있으며, 각국과의 FTA로 인해 관세가 사라지게 되므로 수입차의 확산은 지속될 수밖에 없다. 무엇보다 우려되는 것은 국내 소비자가 더 이상 국산차에 대한 구입 의무감을 느끼지 않는다는 점이다. 국내 업체들은 이에 따라 동일 모델 내 파워트레인 선택범위 확대(가솔린, 터보엔진, 디젤, 하이브리드, 플러그인 하이브리드 등)와 디자인의 다양화(모던/스포티 버전) 등 소비자의 마음을 훔칠 다양한 전략을 구사하고 있다.

경쟁사 전략 찾아보기

현대차와 경쟁 관계에 있는 제조사들의 전략에 대해서도 관심을 가져봅니다.

빅3 외에도 닛산, 볼보 등과 같은 현대차와 치열한 경쟁 관계에 있는 업체들의 시장 확대 전략에 대해서도 잘 체크해둬야 하겠습니다. 특히 닛산의 'Power88' 같은 경영 슬로건은 시사상식 차원에서도 잘 챙겨두시기 바랍니다.

점점 높아지는 환경규제

자동차산업은 전후방 연관산업이 다양해 경제적 중요성이 클 수밖에 없고 각종 사고에 따른 안전과 대기오염 등 환경에 미치는 영향이 크다. 따라서 자동차산업은 경제적 측면에서 국가의 지원을 받는 동시에 환경적 측면에서 규제의 대상이 될 수밖에 없다. 이는 미국, 유럽, 일본, 중국 등 대부분 국가에서 동일하게 나타나는 현상이다.

규제의 범위는 상당히 넓다. 먼저 각국 정부는 자동차의 제작, 사용에 대한 다양한 법규를 제정해 자동차산업 및 관련 산업을 통제하고 있다. 안전에 관한 한 매우 세부적인 규정까지 만들어놓고 있다. 예를 들면 헤드램프의 조도에서 윈도우 썬팅 수준, 자동차의 튜닝 가능 정도까지도 세부적 규정을 두고 있다. 정부의 정책 중 특히 세금 및 보조금 관련 정책에 대한 소비탄력성 역시 중요하다. 각국은 경기의 상황에 따라 보조금을 지급하기도 하고, 자동차와 관련된 부가세를 높이기도 한다. 미국과 유럽의 폐차보조금 정책이나 중국의 이구환신, 기차하향 정책 등이 그런 지원정책이다.

한편, 지원 또는 규제는 사안에 따라 업계 전반이 아닌 특정 업체 중심으로 영향을 미치기도 한다. 2009년 중 미국 정부는 파산보호를 신청한 GM과 크라이슬러에 구제금융을 지원하였으며, 기술 유출 우려에 따라 GM의 독일 소재 자회사 오펠Opel의 매각을 저지한 바 있다.

환경 관련 규제는 각국에서 매년 그 수준을 높여 발표하고 있다. 유럽은 자동차 CO_2 배출량 규제를 2015년 1km당 130g에서 2021년까지

95g으로 27% 감축하도록 강제하는 법안을 통과시켰고, 미국은 유해 물질인 탄화수소와 질소산화물을 합한 배기가스 배출량을 현재 1마일당 160mg에서 2025년까지 30mg으로 81% 감축, 미세먼지 배출량은

글로벌 환경규제 전망 – 환경 관련 규제는 갈수록 그 수준이 높아지지만 이러한 규제는 새로운 기술개발을 유도하기도

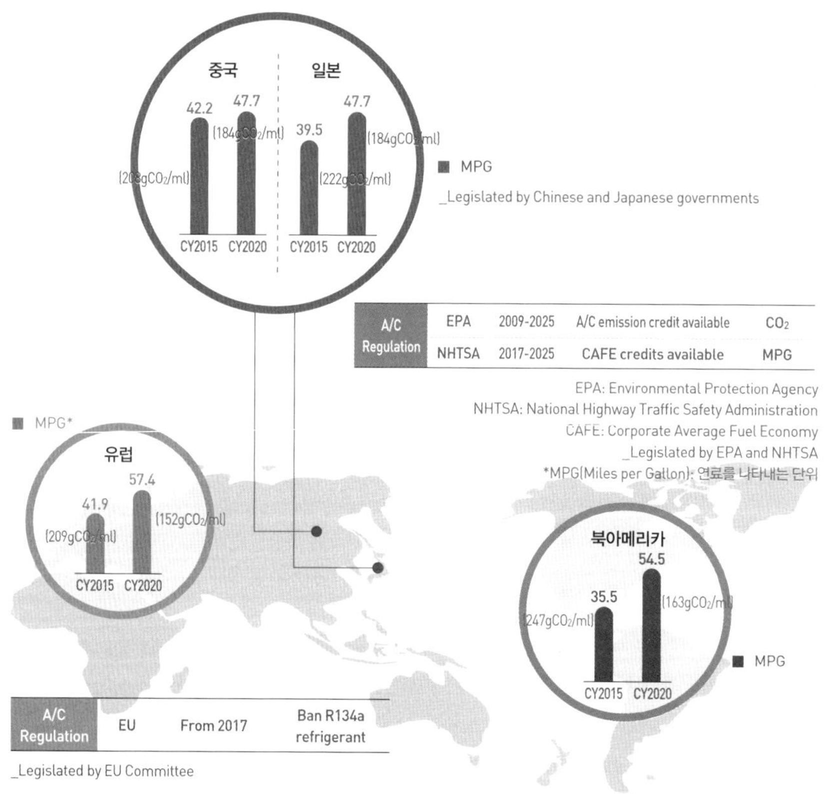

자료: 한라비스테온 IR자료 재인용

현재 마일당 10mg에서 2017년부터 3mg으로 70% 감축하도록 의무화했다. 환경오염이 가장 심한 중국에서도 모든 승용차의 평균연비를 2015년 리터당 14.5km에서 2020년까지 20km로 28% 높이는 정책을 발표한 바 있다.

멘토의 Tip ㉑　　자주 사용되는 용어 정리해보기

자동차산업에서 빈번하게 사용되는 용어들을 잘 정리해봅시다.
'Cash for Clunkers 정책', 유럽의 '폐차보조금', 중국의 '이구환신', '기차하향 정책' 등은 자동차산업의 중요 용어이므로 관련 자료를 통해 그 의미를 정확하게 이해해두시기 바랍니다.

관련 자료 찾아보기 ⑰
검색 키워드, '가전하향', '기차하향'

중국의 경우 가전제품을 살 때 보조금을 지급하는 것을 '가전하향家電下鄉'이라고 합니다. 농촌에서 자동차를 구매하면 보조금을 주는 제도를 치처샤샹, 한자어 표기로는 '기차하향汽車下鄉'이라고 하죠. 중국 정부의 산업정책에 따라 다양한 표현들이 존재하므로 적어도 자동차 관련 표현들은 평소에 익혀두면 좋겠습니다.

시장:
성숙시장과 도입시장이
공존하는 세계

우리나라는 인구가 적어 시장 규모가 작습니다. 그러므로 내수보다 수출 비중이 크고, 때문에 세계시장의 경기에 영향을 많이 받을 수밖에 없습니다. 그렇다면 세계 자동차시장의 흐름을 이해하고, 세계시장의 소비 트렌드를 파악하는 일은 자동차업계에 취업하려는 이에게 선택이 아닌 필수라 할 수 있습니다. 국경이 없는 시대라지만, 국가경제의 큰 축으로 보호를 많이 받는 터라 나라별로 발전 정도의 차이가 큰 세계 자동차시장의 흐름을 살펴봅시다.

01

글로벌 시장 속
현대차의 미래

연간 1억 대 바라보는 글로벌 자동차시장

글로벌 자동차 판매대수는 승용차와 상용차를 포함하여 2014년 말 기준 8,800만 대로 추정된다. 예측기관마다 차이가 있지만 2020년경에는 신흥시장의 구매력 확대에 기인, 1억 1,000만 대 이상으로 증가할 전망이다. 글로벌 경기침체 기간 동안 미국, 유럽 등 선진국 시장의 부진을 제외하면 매년 BRICs 중심의 지속적인 성장세를 보이고 있다.

특히 초기도입시기를 관통하고 있는 중국의 구매력이 세계 자동차시장 성장의 견인차 역할을 꾸준히 감당할 것이다. 2014년 글로벌 신차 판매의 4분의 1을 차지했던 중국시장은 2020년경 3분의 1까지 그 규모를 확대시킬 것으로 보인다. 따라서 중국에서 승기를 잡는 업체가 향후 자동차산업을 이끌어간다고 해도 과언이 아니다. 전 세계 업체가 과잉생산의 우려 속에서도 중국에서 치열한 생산능력 전쟁을 벌이고 있는 것은 바로 이러한 연유 때문이다. 선진 자동차시장은 꾸준한 교체수요와 경제침체기에 억눌렸던 수요의 분출, 기존 가솔린 위주의 내연기관에서 친환경차로의 교체 등으로 매년 소폭의 성장을 예상하고 있다. 이후 인구대국인 인도의 성장성이 높아지고 현재 대형 잠재시장으로 분류되는 아세안, 아프리카, 중동 등이 점차 구매력을 향상시키며 무대의 중앙에 등장할 것으로 전망되고 있다.

Fig 22

글로벌 자동차시장의 연간 판매량 추이

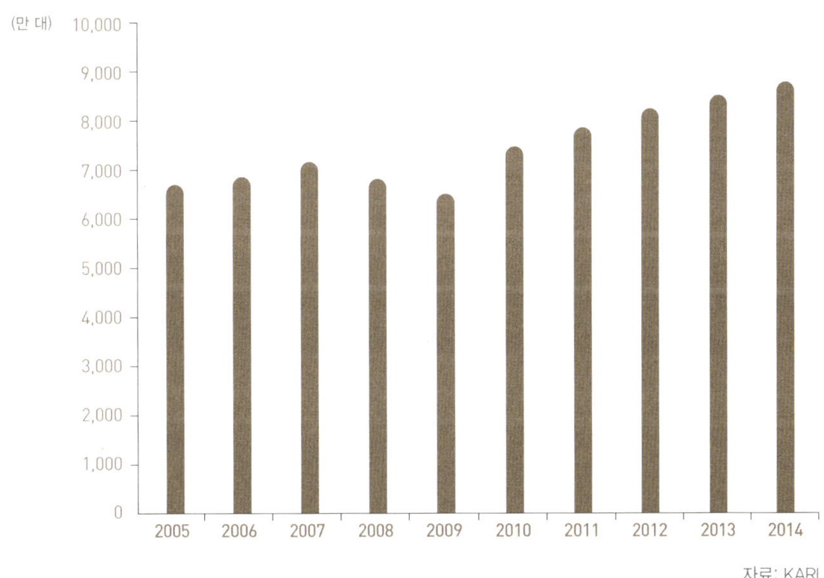

각국의 연간 자동차 판매량 추이 및 전망 – 선진시장은 교체수요를 기반으로 완만한 성장, 중국과
인도는 2020년까지 글로벌 자동차시장의 가장 큰 성장 견인차가 될 것으로 전망

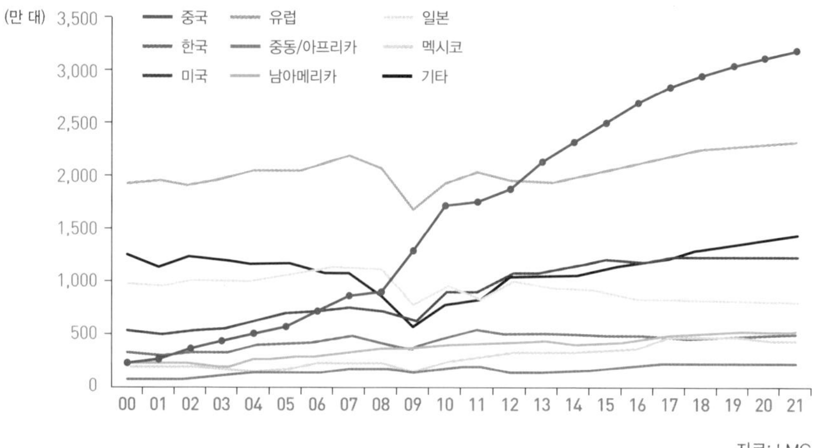

중국 자동차시장 공부하기

중국의 자동차시장에 대해 깊이 있는 공부를 해둡시다.

향후 중국시장에서 패권을 잡는 업체가 글로벌 탑이 된다는 전망
입니다. 그러니 중국의 자동차시장에 대한 이해도를 많이 높여두시기 바
랍니다.

세계 주요 브랜드들의 경쟁우위 요소

시장의 주요 참여자는 미국, 일본, 유럽 3강 체제에 한국이 뒤늦게 참여한 형태다.

미국은 빅3로 대변되는 GM, 포드, 크라이슬러가 대표격이다. 다만 크라이슬러가 이탈리아 피아트에 인수되면서 FCA(Fiat Chrysler Automobile)로 사명을 변경한 이후 국적이 애매해졌다.

일본은 도요타, 혼다, 닛산이 중심이 되는 가운데 마쓰다, 후지중공업의 자동차 브랜드인 스바루Subaru, 미쓰비시, 스즈키Suzuki 등의 세컨드2nd 브랜드가 여전히 활동하고 있다.

유럽은 독일을 제외한 대부분 국가의 브랜드들이 M&A를 통해 대주주가 타국으로 변경된 경우가 많다. 독일은 폭스바겐의 강력한 브랜드 장악력으로 수퍼카와 양산차를 두루 보유하고 있다. 프랑스 르노 역시 일본 닛산과 전략적 제휴Alliance를 맺어 실제적 지배를 하고 있으며, 한국의 삼성자동차도 인수하였다. 최근엔 러시아 1위 국영기업인 아브토바즈까지 인수하여 사세를 확장하고 있다. 이탈리아의 피아트 그룹은 자회사로 란치아Lancia, 마세라티Maserati, 알파로메오Alfaromeo, 페라리Ferrari를 두고 있다. 유로존 리스크, 특히 PIGS의 경제난으로 큰 어려움을 겪었으나 오히려 크라이슬러를 인수하면서 상황을 반전시킨 바 있다.

Fig 24

각국이 보유한 자동차업체와 대표 브랜드, 경쟁우위 요소

국가	업체명	대표 브랜드
미국	GM	GMC, 쉐보레, 뷰익, 캐딜락
	포드	포드, 링컨
	크라이슬러	크라이슬러, 닷지, 지프
일본	도요타	도요타, 다이하츠, 히노, 렉서스
	혼다	혼다, 아큐라
	닛산	닛산, 인피니티
유럽	폭스바겐	폭스바겐, 아우디, SEAT, Skoda, Scania, 부가티, 두가티, 포르쉐, 람보르기니, 벤틀리, MAN
	르노	닛산, 르노삼성, 아브토바즈, 다치아
	BMW	미니, 롤스로이스
	다임러	스마트, 마이바흐, 푸조

국가	업체명	경쟁우위 요소
미국	GM	미국에서 1위, 중국에서 1~2위의 높은 M/S, SUV, 픽업에 강점
	포드	미국에서 높은 수익성, 픽업트럭 1위, 에코부스터 엔진, 높은 유럽 점유율
	크라이슬러	피아트와의 시너지, 픽업, SUV 특화, 미국에서 회복세, 디자인 개선
일본	도요타	미국, 일본, 아시아에서 높은 M/S, HEV 기술우위, 조립품질 우수, 높은 충성도
	혼다	모터사이클, 자동차, 항공기, 로봇에 이르는 높은 기술력, F1 레이싱 참여
	닛산	전기차 세계1위, 큐브부터 슈퍼카 GT-R까지 라인업 다양, 르노와 제휴 시너지
유럽	폭스바겐	유럽과 중국에서 높은 위상, 세계 최고 수준의 R&D, 다양한 브랜드, 플랫폼 통합
	르노	프랑스 1위의 업체, 유럽에 높은 점유율, 소형차에 강점, 닛산과 얼라이언스
	BMW	항공기 엔진 기술을 바탕으로 럭셔리, 고성능 차량 제조, 세계 최고 수준의 수익성
	다임러	럭셔리 세단의 대명사, A, B 클래스 추가로 라인업 확대, 독일 최고의 기술력 응집

자료: 하이투자증권

최근 자동차업계의 M&A 흐름을 체크하고 각 제조사들의 경쟁우위 요소들도 이해합니다.

자동차업계의 최근 M&A 흐름을 잘 정리하고 미국, 일본, 유럽의 주요 업체들과 그들의 경쟁 우위 요소를 잘 확인해두시기 바랍니다. 벤츠의 경우 회사명이 다임러라는 점도 참고하시기 바랍니다.

주요 브랜드별 시장점유율

글로벌 자동차업체의 시장점유율은 폭스바겐, 도요타, GM이 전체의 약 32%를 차지하고 있다. 이들은 모두 지난 십수 년간 '마魔의 벽'이라 불리는 1,000만 대 근처까지 판매량을 늘린 후 차후 성장계획에 골몰하고 있다. 그 뒤를 이어 4위 르노-닛산과 5위 현대·기아차, 6위 포드가 25% 정도를 판매하고 있다. 통계마다 순위가 다르게 표시되는 것은 개별 브랜드로 보느냐, 인수합병이나 제휴를 통한 그룹의 개념으로 보느냐의 차이이다. 또 중국의 중외합작기업의 경우, 중국업체로 볼 것이냐 브랜드로 볼 것이냐에 따라 다를 수 있다.

소수의 IT업체가 글로벌 시장을 완전히 장악하는 것과는 달리 자동차시장은 많은 업체들이 각기 다른 특징과 시장을 가지고 고른 시장

점유율을 보이고 있다. 당분간 글로벌 순위는 빅3의 경쟁으로 1, 2, 3 등이 바뀔 뿐, 4~6위의 격차는 그대로 유지될 가능성이 커 보인다.

글로벌 제조사들의 판매대수 통계 정도는 언제든 말할 수 있도록 준비합시다.

글로벌 10대 내지 15대 제조사 순위는 언제라도 쉽게 말할 수 있게끔 잘 기억해두시기 바랍니다. 그리고 각각의 판매대수는 대략 얼마나 되는지도 함께 체크해보시기 바랍니다.

허점을 기회로 올라섰던 시장의 주도자들

최초의 자동차 개발은 독일에서 진행되었다. 하지만 독일은 자동차를 위험한 수단으로 여겨 규제를 통해 확산을 막았지만, 신기술에 대한 개방적 태도를 지닌 프랑스가 자본으로 기술을 취득해 본격적 생산을 시작할 수 있었다. 하지만 2차 세계대전 이후 주도권은 미국으로 넘어가 그 유명한 포디즘Fordism을 낳았다. 포드는 단일 모델인 '포드 T- Model'을 개발해 획기적 가격대로 대량 생산에 성공했다. 명실상부한 자동차 대중화 시대를 연 것이다.

하지만 단일 모델이 지속되자 다양성을 원하는 소비자 욕구를 채워주지 못했고, GM에 추격당할 수밖에 없었다. 오랜 기간 1위를 기록하던 GM도 1970년대 오일쇼크와 대기오염으로 자동차산업에 찾아온 변화를 외면하면서 서서히 연비가 좋은 소형차에게 시장을 빼앗기게 된다. 미국의 빅3(GM, 포드, 크라이슬러)는 이미 규모의 경제를 달성한 후 경쟁자들에 대한 경계를 게을리했지만, 유럽 업체와 일본 업체는 제품 차별화와 시장세분화 전략을 내세웠고, 특히 일본 업체는 고연비 소형차를 저가에 수출하며 성장하기 시작했다. 대표 업체인 도요타는 TPS(Toyota Production System, 도요타생산방식)로 일컬어지는 린Lean생산시스템, 개선Kaizen, 간판방식JIT과 전사적품질관리TQM, 낭비제거 등으로 무장하고 세계시장에서 경쟁력을 키웠다. 연료 소모가 적은 소형차급에서 도요타는 완전경쟁우위를 확보했다.

1990년 후반부터 세계시장의 선두주자였던 로버와 미쓰비시가 품질과 노사갈등으로 경영난에 시달리게 된다. 당시 대형업체에 의해 경영난에 시달리던 업체들에 대한 M&A가 활발하게 일어났다. 심지어 다임러가 1998년 미국 빅3 중 하나인 크라이슬러와 합병했으며 GM, 도요타, 포드, 르노 등이 서로 합종연횡하며 덩치를 키웠다.

'린 생산방식'에 대한 이해의 폭을 넓혀봅니다.

도요타의 '린 생산시스템'은 인력과 생산설비 등을 최적화해서 비용효율성을 극대화하는 전략입니다. 도요타는 린 생산방식을 통해 밀어내기 방식을 당기기 방식으로 바꿈으로써 재고를 최소화(JIT: Just In Time)할 수 있었다고 합니다. 실제 국내에서도 도요타 린 생산시스템에 대한 연구 활동이 활발하게 진행되고 있습니다. 생산과 재고 관리를 위한 방식들에 대한 이해의 시각이 필요합니다.

관련 자료 찾아보기 ⑲
검색 키워드, '도요타 린 방식'

'도요타 린 방식'을 키워드로 자세한 내용을 살펴보시기 바랍니다. 무조건 장점만 있는 것은 아닌 만큼 균형감을 갖고 관련 자료들을 탐색해보시기 바랍니다.

현대차가 가고자 하는 미래

아직까지 현대차는 자동차 분야에서 신기술을 주도할 만큼 선도자先導者 위상을 확보하고 있지 못하다. 모험보다는 경제적 효율을 우선시하는 빠른 추격자 전략을 구사하고 있다. 신기술을 가장 먼저 내세운 선도자가 시장을 개척하고, 그 시장이 경제성을 담보해줄 정도로 확대되면 높은 가성비로 시장에 참여하는 전략이다. 최초 시장 개척을 위해선 막대한 자본이 지출될 수밖에 없지만, 시장 확산을 확인하고 들어가는 전략엔 매몰비용Sunk cost이 크게 들지 않는다는 이점이 있다.

예를 들어 1997년에 최초로 만들어진 HEV 도요타 프리우스는 유가가 폭등하며 시장에 안착한 2009년까지 대규모 적자를 감수할 수밖에 없었다. 이후 HEV시장에 대한 확신이 든 이후 대부분 업체들이 일제히 HEV시장에 뛰어들었고, 현대차도 Lpi HEV를 출시하며 시장 진입에 성공했다. 이후 출시된 타 업체들의 HEV는 적자기간을 크게 단축시켰고, 기술적인 면에서도 완성도 있게 시작할 수 있었다.

최근 현대차그룹은 EV 계열에선 모터, 배터리, 인버터 등 핵심 부품 내재화에 성공했고, 국산화율을 크게 높인 상태에서 FCEV 양산에 가장 빠른 행보를 보인 바 있다. 친환경차 분야에선 테슬라와 닛산이 EV에서, HEV에서는 도요타가 선도적 위치를 점하고 있다. 물론 클린디젤 기술과 고성능·고연비 가솔린 엔진은 독일 업체들이 크게 앞서가고 있다.

 **멘토의 Tip ㉖** 현대차의 빠른 추격자 전략 고민해보기

 **지금 현대차에 필요한 빠른 추격자 전략에 대해 고민해봅시다.**

자동차산업의 경우 높은 투자비와 실패에 따른 매몰비용 등의 특성때문에 새로운 분야로의 진출이 매우 조심스러울 수밖에 없습니다. 현대차는 빠른 추격자로서 매우 성공적인 전략을 구사하고 있다는 것이 전문가들의 중론입니다. 이런 측면에서 지금 현대차에게는 어떤 빠른 추격자 전략이 요구되는지 고민해보시기 바랍니다.

관련 자료 찾아보기 ⑳
검색 키워드, '빠른 추격자 전략' 

'빠른 추격자 전략'을 키워드로 해서 관련 자료를 찾아보시기 바랍니다. 추격자와 선도자의 전략적 마인드와 장기적으로 추격자로서의 한계를 극복하는 전략은 또 무엇인지 등 다양한 기업 사례를 통해 살펴보시기 바랍니다. '추격자-선도자 전략'은 자동차 업계에만 국한되지 않고 삼성과 애플 간 스마트폰 전략처럼 다른 산업 영역에서도 많이 적용되므로 관련 사례를 통해 식견을 넓혀보시기 바랍니다.

02

과거의 히트 상품 vs.
미래의 히트 상품

30년 역사의 국내 최장수 자동차 쏘나타

현대차의 최고 히트 상품을 꼽으라면 뭐니 뭐니 해도 쏘나타다. 1985년 11월 4일에 처음 출시되어 현재까지 30년간 단일 차종으로는 최장수하고 있는 모델이다. 도요타 캠리, 혼다의 어코드, 닛산의 알티마 등 장수 모델과 어깨를 나란히 하는 현대차의 최대 볼륨카이기도 하다.

1990년대부터 지금까지 쏘나타는 중산층이 꿈꿀 수 있는 가장 이상적인 국민차 이미지를 가지고 있다. 1985년 당시 큰 인기를 모았던 대우 로얄 시리즈에 대항하기 위해 기존 스텔라에 미쓰비시의 1.8리터 시리우스 가솔린 엔진과 2.0리터 시리우스 가솔린 엔진을 장착해 '소나타'라는 이름으로 론칭했다. 국산 첫 독자개발 중형차로 개발되었으며, 5단 변속기가 장착되었다.

이후 '쏘나타'로 이름을 바꾼 2세대의 경우 전륜구동 메커니즘을 채용했고, 에어로 다이내믹 디자인이 적용되어 공기저항계수$_{Cd}$가 0.32를 기록하는 등 1세대 '소나타'에 비해선 훨씬 진보하였다. 획기적 디자인 개선으로 대부분의 사람들이 쏘나타 1세대로 기억하고 있는 모델이기도 하다. 캐나다 퀘벡주 브르몽 공장에서 생산된 모델이며, 한국 승용차 최초의 해외 생산 제품이기도 하다.

3세대인 쏘나타2와 쏘나타3는 외관의 변화Face Lift만으로도 당시 기준으로 최다 판매를 이끌었다.

4세대 EF쏘나타는 미국의 시장조사기관인 제이디파워JD Power의 신차품질조사IQS에서 1위를 차지하는 등 해외에서 성과를 발휘하기 시작했다.

2004년 9월 출시된 5세대 EF쏘나타는 독자개발 엔진인 세타엔진을 장착하고 첨단 장비를 대거 장착해 한 차원 진화된 쏘나타로 인정받았다.

이후 쏘나타 트랜스폼을 거쳐 2009년 쏘나타 시리즈 중 최절정을 구가한 YF쏘나타가 출시되었다. 플루이딕 스컬프처Fluidic sculpture라는 디자인 콘셉트를 적용한 야심작으로, 역대 쏘나타 중 가장 많은 판매 성과를 이루었고, 디자인의 파격성에 높은 점수를 받았던 모델이다. 높은 인기에 페이스리프트도 없이 5년간 판매된 베스트셀러였다.

2014년 3월, 7세대 LF쏘나타가 출시되었고, 하체강성을 보강하고 국소부위정면충돌테스트에 견딜 수 있도록 고장력강판을 적용해 '본질로부터'란 콘셉트에 충실하게 출시되었다. 다만 YF에 비해 투박한 디자인에 대한 소비자들의 불만과 YF 때와 동일한 파워트레인을 적용해 초반 인기몰이에는 어려움을 겪고 있는 중이다. 이를 보완하고자 가솔린, HEV, PHEV, 터보, 디젤 등 다양한 파워트레인을 얹어 승부를 보겠다는 전략을 펼치고 있다.

최근 쏘나타의 포지셔닝이 애매해지고 있다는 평가가 많다. 오히려 차상위 모델인 그랜저가 젊은 디자인을 표방하고, 고급스러운 편의사양을 장착하면서 판매량에 있어 쏘나타를 추월하고 있기 때문이다. 다양한 디자인 변용과 선택의 폭을 넓혀줄 트림의 다양화 등 히트 상품으로서의 쏘나타 정체성 유지를 위해 더 노력을 경주해야 할 것이다.

현대차 대표 모델인 쏘나타

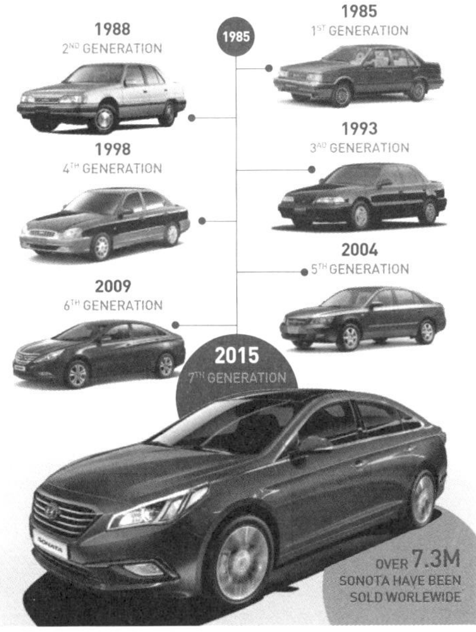

자료: 현대차

쏘나타의 성공 스토리와 디자인 철학을 정확하게 알아봅시다.
오늘의 현대차를 있게 한 쏘나타인 만큼 그 성공 스토리를 잘 챙겨
두시기 바랍니다. 특히 '플루이딕 스컬프처'라는 현대차의 디자인 철학에
대해서는 상세한 이해가 요구됩니다.

관련 자료 찾아보기 ㉑
검색 키워드, '쏘나타 성공 요인', '현대차 디자인 철학'

'쏘나타 성공 요인', '현대차 디자인 철학'을 키워드로 관련 자료들을 잘 살
펴보시기 바랍니다. 여력이 된다면 경쟁사 디자인 철학도 함께 챙겨봄으로
써 보다 입체적인 시각을 가져보면 좋겠습니다.

모두를 놀라게 한 테슬라의 모델S

최근 트렌드는 유가 하락에 따른 SUV 선호 현상이 매우 강하다. 랜
드로버Land Rover나 지프Jeep, 중국의 장성기차가 그 중심에 서 있다. 폭스
바겐의 티구안Tiguan이나 닛산의 캐시콰이Qashqai도 인기가 높은 이유다.
하지만 무엇보다 세기적인 센세이션을 불러일으킨 제품을 꼽는다
면 엘론 머스크Elon Musk가 이끄는 테슬라의 모델S가 아닐까 싶다. 한

참 뒤에나 상품화될 것으로 믿었던 전기차를 가장 상품성 있는 모델로 현실화한 기업이기 때문이다. 대부분 메이커들이 양산차에 모터와 배터리를 얹어 성능이 낮은 전기차를 비싼 가격에 판매할 수밖에 없었으나, 테슬라는 고가의 스포츠 버전을 가장 먼저 출시했다. 성능 또한 최고 시속 193km에 제로백이 5초대로 가솔린차를 능가한다. 최근 듀얼모터^{Dual Motor} 버전은 제로백이 3초대, 최고 시속 249km까지로 더욱 진화했다. 모터, 배터리, 인버터, 컨트롤러 등 핵심 부품을 제외한 서스펜션, 브레이크 등은 최고가 부품을 장착해 승차감이나 성능이 월등하다. 향후 EV SUV인 모델X와 4WD 모델D도 출시될 예정이다.

테슬라가 시장에서 가장 핫한 회사가 된 것은 수익을 창출하는 과정에서 무공해차에 특혜를 주는 제도인 ZEV Credit을 활용했으며, 시장

Fig 26

테슬라의 모델S

자료: 테슬라

이 생각보다 빨리 성장하지 않자 가진 특허를 모두 공개하는 승부수를 던지기도 했기 때문이다. 이를 통해 테슬라는 에너지 기업으로 더 큰 미래를 보겠다는 의도로, 경영의 파격성과 시장의 예상을 뛰어넘었고, 이러한 혁신은 테슬라의 아이콘이 되었다.

전기차도 최신 트렌드 중 하나입니다. 보다 명쾌한 이해를 위해 미국의 무공해차 혜택 정책인 'ZEV credit'에 대해 자세한 내용을 살펴보시기 바랍니다.

미래 시장을 좌우할 히트 상품의 조건

① SUV │ 높은 차고로 인해 시야성이 우수하고 악천후 주행에 안전할 뿐 아니라, 험로 주행능력이 뛰어나며 적재공간이 넓다. 주 5일 근무의 정착과 더불어 전 세계적인 캠핑문화와 레크리에이션 확대로 SUV 선호 현상이 강해지고 있다. 경량화와 다운사이징 엔진 덕분으로 이전의 저효율, 저연비에서 탈피해 속속 고연비의 효율적 SUV가 출시되고 있다. DIY(Do It Yourself)문화의 미국은 일찌감치 SUV 선호 현상이 강했지만, 아중동, 아세안, 남미 등

신흥국가들의 경우 승객과 화물을 함께 운반할 경우가 많고, 험로가 많다는 특성으로 인해 SUV 판매가 증가하고 있다. 뿐만 아니라 유럽, 중국 등 전통적인 세단 선호 국가들도 최근 가파른 SUV 판매 증가를 보이고 있으며, 한국의 내수시장도 SUV의 가파른 증가세를 보이고 있다.

② **친환경차** │ 지난 100여 년간 화석연료를 이용한 기존의 가솔린, 디젤 엔진 자동차에서 배터리와 모터, 인버터와 컨버터를 이용, CO_2 배출량을 크게 감소시킨 HEV, EV, FCEV 등이 속속 제품화되면서 빠른 속도로 보급되고 있다. 여전히 비싸고 효율이 낮지

2015년 상하이모터쇼에 공개된 폭스바겐의 친환경차 – 위로부터 시계방향으로 PHEV, FCEV, 소용량 전기차, 대용량 전기차

자료: 하이투자증권

만 각국이 보조금과 환경규제를 통해 확산을 장려하고 있다. HEV는 특히 일반 양산모델에 하이브리드 킷을 장착해 쉽게 생산할 수 있어 보급이 더욱 확산될 전망이며, 풀 타입 하이브리드도 메이커마다 출시를 서두르고 있다. 최근 특징은 어떤 친환경차가 대세로 자리 잡을지 모르는 형국이라 폭스바겐, 도요타, GM, 르노, 현대·기아, 벤츠, BMW 등 업체들은 모든 친환경차 라인업을 갖춰가고 있다.

③ **다운사이징 엔진** │ 연비 규제는 자동차업체들에 어려운 숙제가 아닐 수 없다. 친환경차들은 규제 대응에 가장 적합한 차량이지만 너무 비싸다는 단점이 있다. 상당 기간 화석연료를 이용한 차량이 시장의 중심이 될 수밖에 없다. 소비자들은 월등한 동력 성능을 원하지만 이산화탄소 배출량 감소와 높은 연비를 위해선 엔진의 다운사이징과 경량화가 불가피하다. 이에 따른 절충안으로 엔진 사이즈는 줄이고 효율은 높이는 직분사 엔진에 터보차저, 수퍼차저를 장착하거나 동력전달 계통에서 다단변속기나 DCT, CVT 등을 장착하는 것이다.

④ **스마트카** │ 스마트카는 IT기술에 힘입어 차량 결함, 사고 예방 및 회피, 충돌 등 위험상황으로부터 운전자 및 탑승자를 보호하여 교통사고 및 피해를 획기적으로 경감시킬 수 있는 기술적 개념이다. 기존에는 충돌 시 덜 다치게 하는 수동적 개념의 안전이었다

면 현재는 충돌 자체를 아예 피하도록 하는 능동안전 기술, ADAS, 통합 안전시스템을 포함해 외부 주행환경을 센서나 카메라, 레이더, 라이더 등을 통해 인식하여 적극적으로 사고를 예방해준다. 여기에 운전자 상태 및 운전자 의지 인식까지 복합이 되어 주행 상황을 판단하고 운전자에게 정보를 표시하며 시스템을 스스로 제어하여 액추에이터Actuator를 구동하는 구조다. 향후 V2X(Vehicle to Everything) 등 ITS 통신기술 및 인프라와 연동하여 협력형 능동안전으로 발전할 것으로 전망되며, 궁극적으로는 자율주행자동차로 진화될 수 있다.

멘토의 *Tip* ㉘　　현대차의 기회와 당면과제 생각해보기

현대차에 기회이자 당면과제가 되고 있는 요소들을 체크해봅시다. SUV, 친환경차, 다운사이징 엔진, 스마트카 등은 현대차에 기회이자 당면과제이기도 합니다. 관련 영역의 흐름을 먼저 체크해보고, 기술과 IT가 어떻게 결합하고 있는지 자신만의 노트를 정리해보시기 바랍니다.

세계시장을 좌우하는 두 축,
중국과 미국

아직 다 드러나지 않은 무한 잠재력의 중국

지난 100여 년간 자동차의 역사는 유럽과 미국이란 무대를 중심으로 펼쳐져 왔다. 일본을 제외한 아시아는 자동차산업에 있어선 변방에 가까웠다. 특히 중국은 1800년대 중후반 자동차 태동기에 서방과의 아편전쟁에서 패배하면서 산업화에서 후퇴, 이 성장에 동참할 수 없었다. 아편전쟁 이후 서방과 교류에 있어 폐쇄정책을 고수하면서 일본에 비해 산업화가 늦었으나 그나마 1953년 FAW(First Auto Works, 중국제일자동차집단공사)를 설립하고, 3년 뒤인 1956년에 FAW 산하 '해방'이라는 중국 최초 트럭 메이커를 설립했다. 1958년에는 둥펑자동차를 설립하여 중국 최초의 승용차를 생산하기 시작하면서 의욕적인 출발을 했다. 하지만 개혁 의지가 태동했던 1966년에 무산계급 문화대혁

명이라는 사회주의운동이 전개되면서 자동차산업은 실로 오랜 기간 암흑기를 맞아야 했다.

이 기간 아시아에선 일본이 세계적인 규모의 자동차산업 메카로 부상했고, 일본에 20~30년 뒤처진 한국 역시 빠른 속도로 일본을 추격하기 시작했다. 중국이 개혁개방정책을 시작으로 체질을 급격하게 바꾼 것은 1985년 폭스바겐과 중외(中外, 중국과 외국) 합작회사인 상하이폭스바겐을 세우고, 이의 지주회사인 상하이자동차SAIC를 출범하고 난 이후부터다. 미국의 AMC(American Motors Corporation)가 폭스바겐보다 1년 먼저 중국시장에 진출했지만 중국 정부의 요구 조건에 미온적 태도를 보였기 때문에 늦게 진출한 폭스바겐이 좀 더 빨리 시장에 안착할 수 있었다.

이후 폭스바겐은 중국 자동차시장의 최대 기업으로 부상하여 1990년대 후반까지 50% 이상의 시장점유율을 차지하면서 압도적 위상과 브랜드 파워를 지니게 되었다. 이러한 독점적 구조는 1997년 GM과 상하이자동차의 조인트벤처(JV: Joint Venture)가 설립되면서 희석되었지만, GM의 합세로 JV의 영향력은 더욱 확대되었다.

비교적 늦은 2002년에 출범한 베이징현대도 '현대속도'라는 신조어까지 양산하며 업계 3위, 연간 100만 대 생산체제까지 무서운 기세로 성장해왔다. 2000년 200만 대에도 미치지 못하던 중국 자동차 판매량은 불과 십여 년 만에 10배 증가한 2,000만 대를 돌파하기에 이르렀다. 글로벌 판매량의 4분의 1에 달하는 큰 규모임에도 불구하고 13억 중국 인구에 비하면 여전히 연간 판매로는 아쉬운 숫자다. 인구 5,000만의 한국이 연간 160만 대의 판매를 보이는 것과 비교하면 절반에도 미치지 못하기 때문이다.

중국은 전 세계 모든 완성차 브랜드의 생산기지 역할 및 시장을 자처했고, 이 과정에서 해외 자본은 물론 생산설비와 기술 노하우까지 축적했다. 여기에 JV라는 인큐베이터 툴Tool은 기술개발 능력, 부품 기술, 마케팅 전략을 단기에 흡수할 수 있는 매우 유용한 방법이었다.

중국의 자동차산업 육성정책은 2001년 188만 대에 불과했던 자동차 판매대수를 2013년 2,100만 대까지 폭발적으로 팽창시켜놓았다. 현재는 자본력이 더 커진 중국의 기업들이 유럽의 볼보(지리가 인수)나 PSA(동펑이 인수)의 지분을 사들이는 등 더욱 적극적인 방법으로 성장을 모색하고 있다. 엔진과 트랜스미션도 주력 부품사와의 합작으로 기술 습득의 시간을 단축시키고 있다. 즉 시간이 소요되는 기술 습득이 아닌 자본을 통한 기술 구매로 전략이 바뀌고 있음을 알 수 있다. 뿐만 아니라 미국의 대형 부품사를 사들이는가 하면 유럽의 명품 타이어 브랜드 피렐리Pirelli를 인수하기도 했다. 한국 자동차의 성장과정과는 확연히 다른 모습의 길을 걷고 있는 것이다.

세계 제1의 시장으로 성장한 중국 자동차산업을 짧은 소견으로 규정하기는 힘들지만, 현재 상황과 향후 변화의 방향에 초점을 맞춰 압축해보면 다음과 같다.

첫째, 글로벌 자동차시장과 가장 큰 차이점은 '과시지향적 소비성향'이 강하다는 점이다. 중국은 점차 해외 브랜드에 대한 충성심이 강화되는 반면 로컬 브랜드를 외면하는 경향을 보이고 있다. 통상 국가의 경제발전 초기 자동차산업 전략 수립기엔 국민들의 평균소득이 낮다. 따라서 자동차 수입관세를 높이고 자국 브랜드에 대한 지원책을 통해 단기간에 육성하는 정책을 전개한다. 하지만 중국은 거대한 인구 탓에 초기 소득 10분위 집단의 상위계층이 곧바로 럭셔리 브랜드에 대한 선호를 노골적으로 표현했다. 이는 정치집단인 공산당도 예외가 아니었다. 따라서 중국은 초기부터 럭셔리 브랜드, 혹은 해외 브랜드에 대한 충성심이 매우 높게 형성되었다. 특히 독일차에 대한 충성도는 생각보다 훨씬 높은데 아우디, BMW, 벤츠에 대한 선호도가 매우 높으며, 초기 독점적 지위의 영향을 받아 폭스바겐, 즉 상하이폭스바겐과 FAW폭스바겐에 높은 애정을 가지고 있다. 이 때문에 대부분 소비자들은 전체 자동차 브랜드를 ①독일 브랜드 ②독일 이외의 미국, 일본, 유럽, 한국 브랜드 ③로컬 브랜드의 3개 등급으로 분류, 판단하는 경향이 컸다. 독일 이외의 중외 합작기업에서의 선택 기준은 내구성, 연비, 디자인 등이었으나 큰 차별은 못 느낀다는 반응들이다.

둘째, 자동차 금융의 미확산을 들 수 있다. 중국은 평균소득 수준이 낮음에도 불구하고, 상위 계층에 집중되어 있는 부富와 빚을 터부시하는 문화 때문인지 현금 구매 비중이 전체의 85%에 달하는 독특한 구조를 가지고 있다. 이는 비교적 자동차 보급에 있어 신흥국인 인도, 브라질, 러시아와는 대조적인 현상이다. 단 15%만이 오토 파이낸스Auto finance를 이용하는 수준에 불과하다. 거기에 중국 정부의 자동차 구매 정책 때문에 그중 절반 가까이가 상업은행을 이용하고 있어 일반 자동차 금융회사가 발을 붙이긴 힘든 구조가 지속되었다. 하지만 최근 젊은이들은 오토론에 대한 거부감이 기성세대에 비해 적은 만큼 향후 추가 자동차 보급에 긍정적 영향을 미칠 것으로 판단한다. 또한 공장 출하 판매에서 기업체와 공공기관의 대량구매, 자동차 렌탈 비즈니스, 중고차 파이낸스의 확대로 할부, 리스Lease가 확대되고 있는 것도 고무적이다.

셋째, 중외 파트너 간의 이질적 목적 추구에 따른 갈등은 향후 문제가 될 것 같다. 해외 투자기업은 전 세계 최대 시장인 중국 내수시장 선점이 1차적 목적이다. 하지만 중방中方 측은 사회주의 체제로 인해 뒤처진 자동차 생산과 설계 기술의 조속한 습득을 위한 수단적 성격이 강하다. 대부분의 기차집단이 JV와 로컬 브랜드를 공동으로 소유하고 있는 것도 이러한 이유다. 그럼에도 불구하고 핵심 기술인 파워트레인 설계 및 생산능력 면에서 JV와 로컬의 실력 차이가 점차 벌어지고 있다. 중국 파워트레인 기술의 열위는 수출 및 내수 점유율 확대의 걸림돌로 작용하고 있을 정도다. 특히 JV가 친환경 파워트레인 기술을 빠르게 발전시키고 있어 이 분야의 기술 격차는 더욱 벌어질 수밖에 없다. 글로벌 트렌드에 부응하거나 수출을 늘리기 위해선 해외 기술에 대한 의존도를 높일 수밖에 없는 것이다. 하지만 궁극적인 중국의 전략이 JV의 성장보다는 로컬 기업, 자주 브랜드의 기술 향상과 수출산업으로서 자동차산업 육성에 초점이 맞춰져 있기에 JV 입장에선 쉽게 기술 이전을 할 수 없는 딜레마가 있다. EV나 자주브랜드 론칭의 의무화 등 중국 정부가 여러 가지 방법으로 JV의 역량을 조기 흡수하고자 하는 의도가 자주 보이지만 앞으로도 파트너 간 이해관계 갈등은 지속될 수밖에 없어 보인다.

넷째, 사회주의, 계획경제의 특성인 '정부 중심'의 산업 운영을 들 수 있다. 즉, 규제와 부양 정책 병행을 통해 속도와 방향을 조절한다는 점이다. 특히 경제성장률과 자동차 관련 정책에서 상호보완적 관계를 유지하려는 의도가 보인다. 서브프라임 모기지 사태 전후로 수출 둔화가 가시화되고 성장이 후퇴하자 이구환신, 기차하향 정책을 동시에 사용하면서 자동차산업을 크게 부양한 바 있다. 반면에 과열로 치닫는 경향을 보이자 환경규제와 번호판 입찰제 등을 통해 긴축을 유도하기도 했다. 또 JV와 로컬 간의 균형을 위해 로컬 기업들이 주로 생산

중국 자동차산업의 구조적 변화와 판매 추이 및 전망

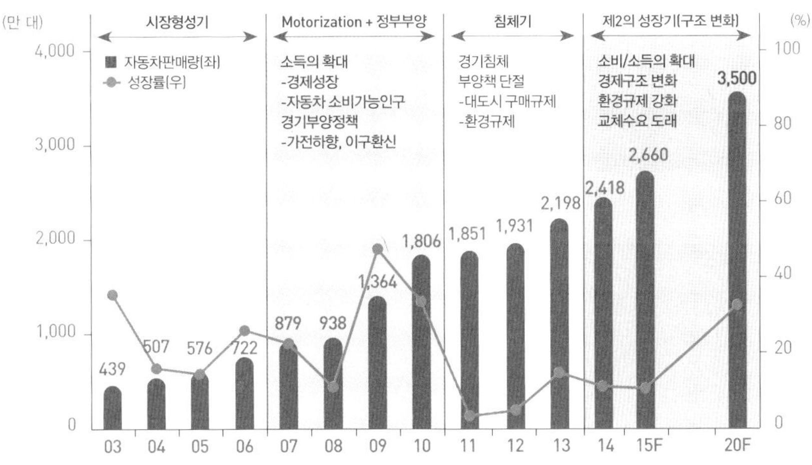

하는 1,600cc 미만의 소형차에 우선적인 세금감면 혜택을 주기도 하고, 정부 관용차 납품 권한을 로컬 기업에 우선적으로 부여하는 정책을 쓰기도 했다. 특히 '추격정책'에서 '추월정책'으로 명명된 EV 육성정책으로 출발점이 같은 EV의 주도권을 잡으려는 시도도 나타났다.

중국 자동차시장의 현황과 특징 등을 자세히 공부해봅시다.

중국은 현대차의 성장을 위해서 가장 중요한 시장입니다. 해외 관련 직무를 준비하는 경우 중국시장의 현황과 특징 등에 대해 이 책에 있는 내용을 기초로 다양한 자료들을 찾아보시기 바랍니다.

관련 자료 찾아보기 ㉓
검색 키워드, '중국 자동차시장 진출전략'

'중국 자동차시장 진출전략'을 키워드로 잡지나 연구소에서 분석해둔 자료를 찾아 공부해보시기 바랍니다. 중요한 점은 중국시장이 유럽이나 미국과 다른 점이 무엇인지, 그리고 그 잠재력을 현대차가 선점하기 위해서는 어떤 환경적 요인들을 잘 활용하는 것이 좋을지를 생각해보는 일입니다. 전문가처럼 이해하기는 어려워도 중요한 포인트가 무엇인지를 개략적이나마 알아두는 수준에서 살펴보면 좋겠습니다.

가장 선진화된 유통구조를 가진 미국

미국은 지난 100여 년간 세계 1위 시장의 면모를 유감없이 발휘했다. 그러나 인구 3억 3,000만 명으로 중국 13억 인구의 4분의 1밖에 되지 않아 자동차시장 1위의 위상은 앞으로 중국에 넘겨줄 수밖에 없다. 서브프라임 모기지 사태와 함께 어려운 시기를 겪었지만 다시 경기가 회복되면서 자동차시장도 재차 활기를 띠고 있다. 미국 자동차시장은 2007년까지 연간 1,616만 대를 기록할 정도로 호조세를 보이다가 2009년 1,040만 대로 크게 위축되었고, 경기 회복과 억눌린 수요의 분출, 주식(주택)시장 회복에 따른 부의 효과Wealth effect, 정부의 강력한 지원, 업체들의 구조조정 성공 등으로 빠른 회복세를 보이고 있다.

미국 자동차시장은 인구 1,000명당 보급대수가 790대에 이를 정도로 보급률이 높아 대부분 교체수요가 발생하고 있는 시장이기도 하다. 50개 주가 웬만한 나라와 크기가 비슷할 만큼 광범위해 기후, 지형, 지역문화가 각각 다르다. 차 없이는 다닐 수 없을 만큼 넓은 땅에 지하철 같은 대중교통이 발달하기 힘든 여건도 자동차 보급률을 높인 이유다. 미국은 다른 국가와 달리 자동차 딜러들의 역량이 매우 중요한 시장이며, 이들에 의해 가격이 시장원리로 결정되는 독특한 시장이기도 하다. 모델의 연식과 인기도, 여론평가, 잔존가치(3년 운행 후 중고차 시장에서 평가받는 가치로 신차 가격을 100%로 보고 감가상각 수준을 제하고 정해지는 가격임) 등으로 권장소비자가격, 그리고 판매자와 소비자에게 주어지는 인센티브가 달라지기도 한다. 딜러대회를 통해 제조사를 압박하기도 한다.

또 미국은 자동차 관련 파이낸스 서비스가 매우 발달된 나라이며, 중고차시장과 렌터카 중심의 대량구매시장도 매우 크다. 소비자들이 차량 가격을 모두 지불하는 경우도 있지만, 대부분이 리스 프로그램을 통해 보증금을 낸 후 매월 리스료를 내며 차량을 운행하는 것이 일반적이다. 언제든 현가화 할 수 있는 중고차시장의 발달도 큰 특징이다.

메이커별로는 미국 빅3(GM, 포드, 크라이슬러)와 일본 빅3(도요타, 혼다, 닛산)가 주도하고 있는 시장이기도 하다. DIY문화에 기인한 미국다움으로 인해 경트럭의 인기가 높아, 이를 생산하는 업체의 판매량이 높을 수밖에 없다. 미국 빅3의 구조조정 이후 가동률 회복과 유가 하락에 따른 경트럭의 판매 증가로 회복이 가파르게 진행되고 있다. 공적자금이 투입되었던 GM과 크라이슬러의 회복세도 완연하다. 강력한 환경규제 덕분에 친환경차 시장이 빠르게 자리를 잡아가고 있는 것도 미국만의 특징이다.

산업 측면에서 보면, 미국 연간 GDP의 3%를 담당하는 최대 제조업이며, 다른 어떤 제조업 분야도 자동차산업만큼의 고용창출 효과를 가져다주지 못하고 있다. 동시에 미국의 자동차산업은 석유, 항공기, 화학, 반도체를 제치고 최대 수출산업의 위상을 갖고 있기도 하다. 2009년 GM과 크라이슬러가 모두 파산보호신청을 하며 최악의 위기를 겪은 바 있다. 수요 대비 과잉공급, 의료보장을 포함한 높은 인건비, 소비자 기호에 따라가지 못한 차량 라인업 문제 등 복합적 문제 탓이었다. 이후 정부의 아낌없는 지원과 과감한 구조조정, 타이트한 재고관리 등으로 빠른 회복세를 보이고 있다. 최근 빅3의 회복세가 가파르게 나타나고 있고, 환경규제의 영향과 기술의 발달로 전기차에 특화된 엘론 머스크의 테슬라가 기존 메이커들 사이에서 큰 반향을 일으키며 부상되고 있기도 하다. 하지만 포화상태에 이른 자동차 보급률, 인구에 비해 열악한 전기충전 시설 등으로 인해 추가 성장은 제한적일 수밖에 없다. 최근 트렌드로 부상하고 있는 카셰어링, 렌탈, 라이드 서비스, 대중교통 이용 증가 등도 미국 자동차산업이 극복해야 할 장기적 과제로 부상하고 있다.

Fig 29

미국의 경트럭과 세단형 승용차 판매 추이 및 경트럭 비중

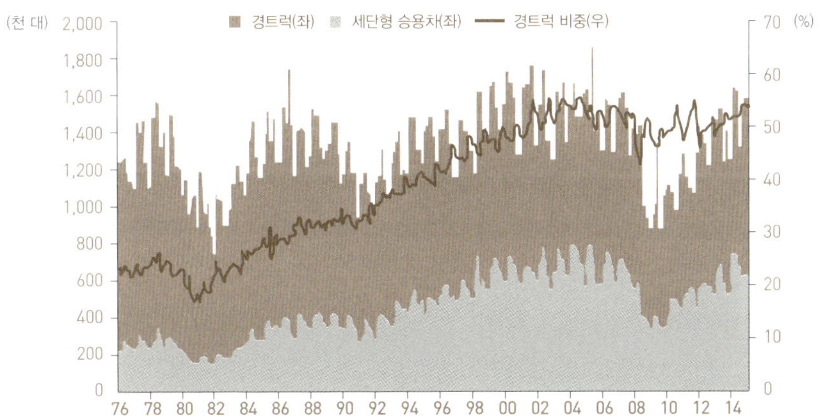

자료: 블룸버그

 **미국 자동차 판매시장의 특징을 이해합니다.**

미국의 자동차 판매시장은 딜러들 중심으로 이루어져 있으며 가격 결정 방식도 우리나라와는 사뭇 다릅니다. 자동차 종주국 미국인 만큼 판매시장구조와 특징 등에 대해 알아두시기 바랍니다.

관련 자료 찾아보기 ㉔
검색 키워드, '미국 자동차 판매유통구조' 

'미국 자동차 판매유통구조'를 키워드로 검색해보면 미국의 자동차시장의 구조에 대해 보다 자세한 내용을 확인할 수 있습니다. IBM기업가치연구소에서 2012년 발간한 〈자동차산업에서의 유통 혁신〉 자료를 보면 통신, 미디어, 엔터테인먼트 등의 발달이 자동차 제조업체는 물론 딜러들의 유통 방식에 큰 변화를 요구하고 있다는 점을 강조하고 있습니다. 자동차산업의 진화상을 이해하는 데 꼭 일독해볼 만한 자료입니다.

04

온라인으로
영역을 확장하는 유통

자동차시장의 유통구조

국내에서는 직영점(혹은 지점)과 판매대리점(딜러)의 이원체제로 나뉘어 판매가 이루어진다. 직영점은 현대차가 직접 보유한 판매지점이고, 판매대리점은 딜러를 모집해 판매하는 방식이다. 판매도 일반인을 대상으로 하는 개인 판매와 렌터카, 대기업 등을 상대로 한 법인판매Fleet sales로 나뉜다. 특히 국내는 독특하게 대기업 연공서열에 따른 차급차등제가 있어, 위로부터 에쿠스리무진, 에쿠스, 제네시스, 아슬란, 그랜저 등 서열대로 법인판매되는 재미있는 현상이 있다.

자동차는 고가 소비재로 결제 방식에 따라 판매 방법이 현금, 외상, 할부(자체, 금융, 오토리스) 등으로 나뉜다. 현대차는 국내에서 현대캐피탈을 통한 할부, 리스 판매를 실시하고 있다. 판매 증진을 위해선 비교시

승, 시승회, 특화 판촉 등 다양한 마케팅을 전개하고 있다. 해외는 현지 판매법인을 통해 지역별, 국가별로 연동 대응하고 있다. 판매량이 높은 국가는 HMA Hyundai Motor America와 같은 별도의 판매법인을 둘 수 있지만 중동, 아프리카와 같이 광범위한 지역일 경우, 각 지역의 관할 국가에 현지 도매업체나 대형 딜러에게 판매를 위탁할 수도 있다.

온라인으로 자동차를 구매하는 시대

현대차는 시장에서의 입지 강화와 신규 구매자들을 유인하기 위한 새로운 자동차 판매 방법에 대해 고민하고 있다. 최근 눈에 띄는 시도로는 영국에서 시행중인 '록카 현대 Rockar Hyundai'의 혁신적인 온라인 세일즈를 꼽을 수 있다. 디지털 유통업체인 '록카'와 현대차가 공동으로 디지털스토어 방식을 구현했는데, 현대차를 사고 싶은 영국 고객이라면 누구나 오프라인의 힘을 빌리지 않고, 온라인만을 이용해 현대차를 구매할 수 있다. 또 켄트에 있는 블루워터 Blue water 쇼핑센터에 본사를 두어서 이곳에 내방한 고객은 차를 직접 보고, 영업사원 없이 셀프시승도 가능하게 했다. 또 무인 주문 시스템에 직접 접속해 차를 주문할 수 있게 배려했다.

새로운 유통채널은 중국에서도 활발히 확산되고 있다. 중국의 자동차 온라인마켓은 어느 정도 성과가 나오고 있는 상황이다. 장성기차는 2013년 B2C 온라인마켓 플랫폼을 구축한 데 이어 최근 신차를 온라인과 오

알리바바 티몰의 자동차 판매 페이지

자료: 알리바바 티몰

프라인에서 동시 판매하고 있다. 뿐만 아니라 많은 자동차업체가 온라인마켓 플랫폼과 협력해 자동차를 판매하고 있다. BMW, 아우디, 볼보, 이치도요타, 둥펑닛산, 베이징현대 등이 중국 최대 B2C 쇼핑몰인 톈마오에 입점해 차를 판매하고 있다. 알리바바의 티몰 역시 자동차 판매가 활발하게 진행되고 있는 플랫폼이다. 도요타, 폭스바겐, 포드, 기아차 등 많은 완성차가 입점해 있고, 딜러의 최다 기능인 4S(Sales, Spare, Service, Survey)까지 완전히 지원되는 만큼 소비자들의 만족도가 매우 높다.

자동차 유통채널의 진화상을 이해합니다.

자동차 유통채널이 오프라인에서 서서히 온라인 영역으로 확산되는 모습입니다. 특히 온라인 채널이라고 하지만 프로그램을 보면 구매자의 구매 체험을 중요한 포인트로 두고 있다는 점을 알 수 있으며, 중국의 경우 온라인 플랫폼을 통한 판매가 만만치 않게 성장하는 만큼 이 부분에 대해서도 관련 내용을 탐색해보시기 바랍니다.

관련 자료 찾아보기 ㉕
검색 키워드, '중국 자동차 온라인 판매'

'중국 자동차 온라인 판매'를 키워드로 검색해보시기 바랍니다. 중국의 유통시장 현황과 새로운 판매 트렌드를 중심으로 정리해보시기 바랍니다.

정보로 무장한 소비자들이 시장을 바꾸다

자동차 판매에 있어 디지털화와 온라인화는 여전히 저항이 심할 수밖에 없지만 많은 것들을 바꿔놓을 것으로 보인다. 미국의 경우, 판매에 있어 딜러들의 영향력이 워낙 크다. 예를 들어 테슬라가 딜러를 제외하고 온라인 직접판매 시도를 했는데, 자동차 딜러들의 거센 저항을 받은 것이 그런 경우다.

하지만 인터넷 직접판매가 어렵다 하더라도 트루카닷컴(TrueCar.com)과 에드먼스닷컴(Edmunds.com) 같은 자동차 가격정보 사이트의 영향력을 무시할 순 없다. 이들이 생기기 전에 딜러들은 가격협상 시 정보력이 부족한 소비자 대비 우월한 위치에 있었고, 자동차 판매 시 높은 마진을 남길 수 있었다. 하지만 최근에는 자동차 단가와 타 대리점 가격, 제조사 할인 동향까지 스마트폰이나 인터넷을 통해 상세히 알고 있는 고객들이 많아졌다. 이들 정보를 바탕으로 소비자들이 대리점에 문의하거나 직접 방문해 가격을 협상하기도 한다. 이렇게 되면 딜러들의 위치가 상대적으로 낮아지고, 마진은 축소될 수밖에 없다. 뿐만 아니라 소비자들은 대리점과 영업사원에 대한 온라인 평가까지 확인하거나 평가할 힘이 생겨 협상력이 더욱 강해졌다. 아직까지는 NADA(National Automobile Dealers Association)와 같은 이익단체의 힘이 강하지만 시대적 요구에 따라 점차 스스로 정보를 찾아 구매를 결정하는 온라인 판매 비중이 높아질 수밖에 없을 것이다.

판매채널의 다양화가 제조사에 주는 시사점을 생각해봅시다.

미국만 하더라도 점점 딜러들의 비중이 축소되는 모양새입니다. 판매채널의 다양화가 자동차 제조업체에는 어떤 시사점을 주는지 고민해 보시기 바랍니다.

관련 자료 찾아보기 26
검색 키워드, '옴니채널 전략'

채널 다양화와 관련해서 '옴니채널 전략'에 대한 자료를 찾아보시기 바랍니다. 모바일 시대로 접어들면서 자동차 외에도 다양한 산업 영역에서 진화하는 채널에 발맞추어 대응전략을 구사하고 있습니다. 이런 사례들을 참고하면서 현대차의 대응전략에 대해 생각해보시기 바랍니다.

05

거시경제 흐름과
자동차시장

제료원가 비중이 80%에 이르는 산업

자동차에 사용되는 원재료는 대부분 가공을 거친 부품 형태다. 따라서 원자재 가격이 직접적으로 자동차 원가에 미치는 영향은 제한적일 것으로 판단된다. 대표적인 원재료는 자동차의 내·외장재로 사용되는 철판Steel이다. 이 비중이 전체 원재료의 5% 수준에 불과하다. 그다음으로 액셀Axle과 빔Beam을 이루는 철Iron, 칵핏 내장재나 헤드램프, 범퍼류 등을 구성하는 플라스틱, 공조부품이나 파워트레인 하우징, 커버로 사용하는 알루미늄, 자동차용 유리, 타이어, 튜브를 이루는 고무 등이 있다. 통상 분기나 반기 단위로 변동된 가격을 최종 소비자가격에 연동시키는 구조로 되어 있다. 제조원가 명세서상 전체 원가에서 재료비가 차지하는 비중은 80% 수준으로 알려져 있다.

자동차 원가 중 재료비 구조

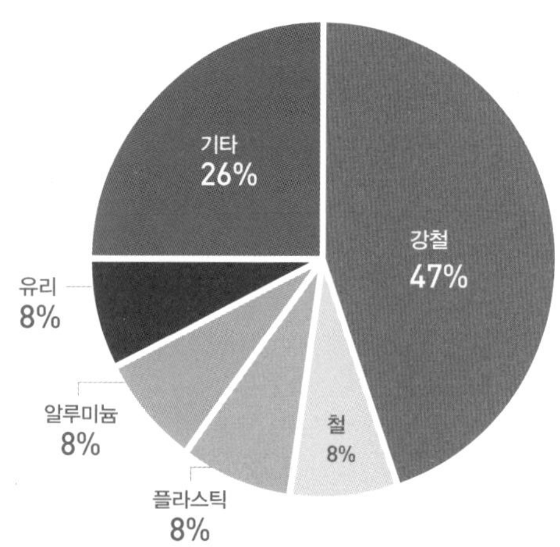

자료: 현대차

자동차용 철판 가격 추이

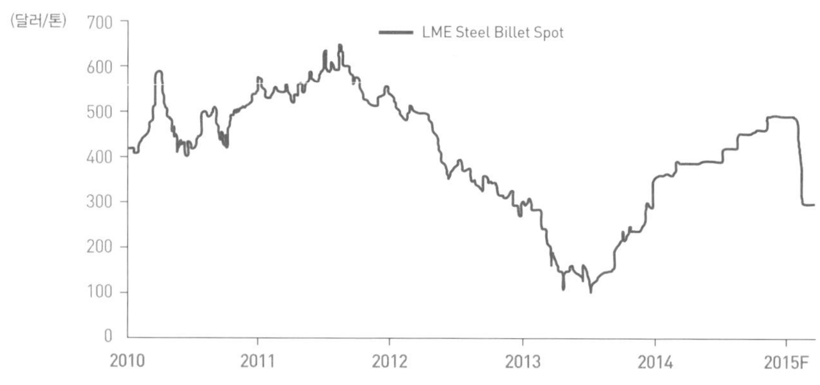

자료: LME

거시변수 움직임에 민감한 시장

① **금리** ┃ 자동차 판매와 금리는 이론적으로 역의 상관성을 가진다. 기준금리에 후행하는 금리는 할부, 리스의 기준금리가 되기 때문이다. 낮은 금리는 일반적으로 소비자에게 구매 부담을 줄여줘 자동차 판매를 증가시킨다는 것이 정설이다. 하지만 금리는 경기의 영향을 받거나 혹은 중앙은행의 통화조절 장치로 사용되기 때문에 경기위축 국면과 경기과열 국면에서는 상관성이 희석될 수밖에 없다. 2006~2009년까지의 미국 경기침체기에는 금리의 방향과 자동차 판매가 동행하는 경향을 보였다. 반면 경기가 정

금리와 자동차 판매 간 상관성 – 금리가 오르면 오토론 금리가 따라 오르며 판매 감소 경향

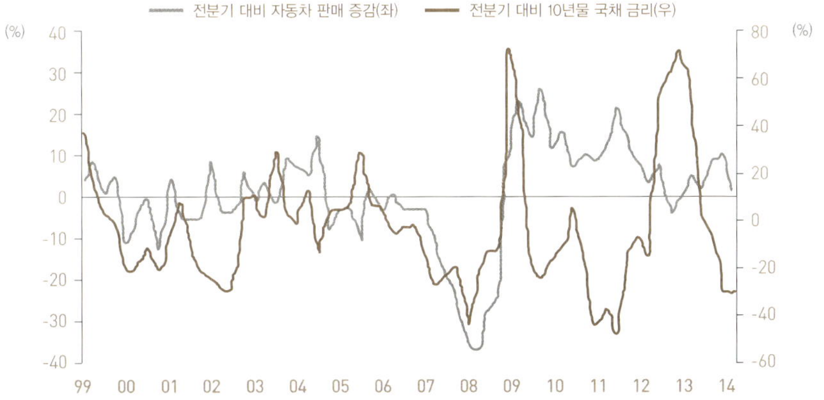

자료: 블룸버그

미국의 GDP 증감률과 자동차 판매 증감률

자료: 블룸버그

상적으로 작동한 2009년 이후엔 금리 인하가 자동차 판매에 긍정
적 영향을 끼치며 다시 역의 상관성을 회복했음을 알 수 있다.

② **GDP성장률** │ 통상 경기가 호황국면일 때 자동차 판매가 증가하
는 경향을 띤다. 미국의 경우 1,000명당 자동차 보급대수가 800
대에 육박해 교체수요만 존재하는 제한적 시장이지만, GDP와의
동행성을 어렵지 않게 확인할 수 있다.

③ **환율** │ 글로벌 자동차업체 중 환율에 가장 민감한 곳은 일본과
한국 업체들이다. 미국과 중국은 자국의 생산량에 수입까지 합

원엔환율과 현대차의 영업이익률(상)과 원엔환율과 도요타의 영업이익률(하)

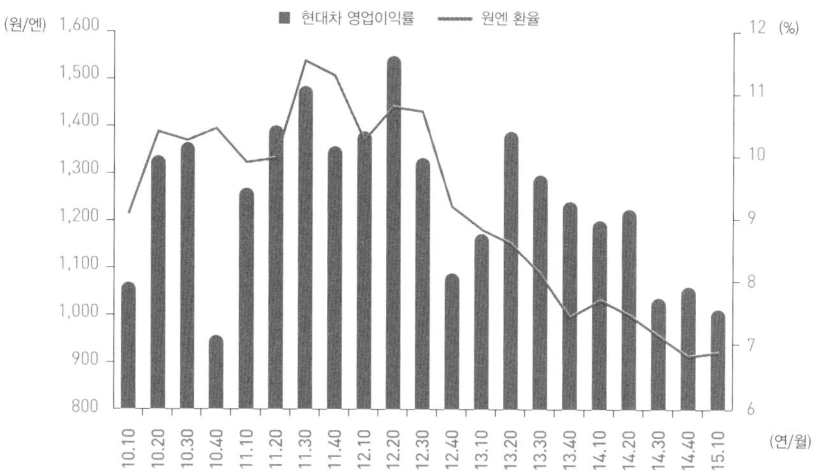

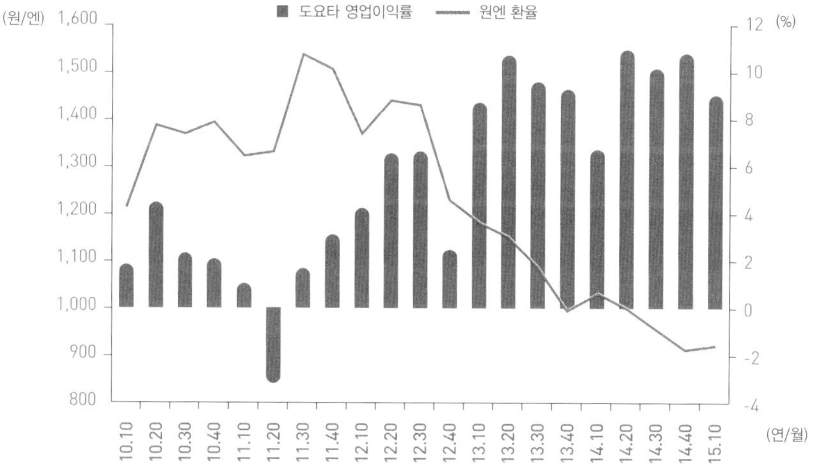

자료: 블룸버그

쳐야 수요를 충당할 수 있는 국가다. 독일 역시 유럽연합EU이라는 대형시장을 확보하고 있어 환율이 미치는 영향이 제한된다. 하지만 900만 대 이상을 생산함에도 불구하고 내수시장 사이즈가 500만 대 수준인 일본과 400만 대 이상 생산하지만 160만 대에 불과한 한국은 필연적으로 수출에 매진할 수밖에 없는 상황이다. 따라서 일본, 한국 자동차업체들은 환율에 따른 희비가 비교적 크게 엇갈릴 수밖에 없다. 실제 원화와 엔화의 달러 대비 상대강도를 나타내는 원엔 환율의 변화에 따라 현대차와 도요타 양 업체의 수익성은 반대의 모습을 보여온 것이 사실이다.

금리, GDP, 환율 등 거시변수 흐름 이해하기

금리, GDP, 환율 등 거시변수들의 흐름을 이해합니다.

자동차 판매에 영향을 직접 주는 대표적인 경제 변수는 금리, GDP 성장률, 환율 등입니다. 이런 기본 변수들의 최근 움직임이나 간단한 통계 정도는 평소 잘 챙겨두시고, 주요 시장별 거시 경제 변수들은 어떻게 움직이고 있는지에 대해서도 자기만의 분석 노트를 만들어보시기 바랍니다.

한국자동차산업협회(kama.or.kr) 홈페이지 통계센터 메뉴에 보면 각종 통계와 조사보고서를 참고할 수 있습니다.

03

경영 이슈: 친환경, 고객 그리고 럭셔리

최근 자동차시장의 최대 이슈는 환경규제와 친환경차입니다. 이미 많은 기업들이 하이브리드차, 전기차, 수소차 등 매연이 발생하지 않는 자동차를 개발했고, 이제는 누가 더 저렴한 가격으로 보급하여 시장을 선점할지가 관건입니다. 자동차시장 후발주자로, 빠른 추격자 전략을 고수해왔던 현대차는 이러한 경영환경의 변화에 어떤 전략을 갖고 있을까요? 또 고가 브랜드로의 진입이라는 과제를 두고 있는 현대차가 어떤 노력을 하고 있는지 살펴봅시다.

01

시장의 기회와
위협

글로컬라이제이션으로 보완되는 새로운 시장환경

현재 글로벌 자동차시장을 뉴노멀New normal로 규정하는 게 합당한지 판단은 애매하다. 글로벌 자동차시장이 워낙 다양한 국가로 구성되어 있다 보니 이를 획일적 관점으로 판단하기 어렵기 때문이다. 뉴노멀이란 용어를 처음 세상에 알린 앨 에리언Mohamed A. El Erian은 뉴노멀이란 '정부, 가계, 기업의 광범위한 부채 감축으로 나타나는 저성장, 저소득, 저수익률 등 3저 현상이 일상화돼 그 자체가 새로운 기준이 되는 상태'라고 정의한 바 있다. 뉴노멀의 원인으로 지목된 것이 ①과다한 부채와 디레버리징 ②세계화 효과 감소 ③기술 발달에 따른 일자리 감소 ④인구 고령화 같은 요인들이다.

자동차시장을 이러한 경제 현상과 접목시켜 생각해보면, 먼저 저성장, 소득 감소에 따른 현상으로 자동차 교체주기 연장, 저가 자동차 판매 확대, 중고차시장 확대, 구형차 개조 및 수리, 카셰어링 등을 꼽을 수 있다. 세계화 효과의 감소는 글로컬라이제이션(Glocalization, Globalization과 Localization의 합성어로 세계화와 현지화를 동시에 이루어 시너지 효과를 극대화하려는 다국적 기업의 현지 토착화를 의미한다)이라는 새로운 경영 트렌드로 보완되고 있다. 획일적 통일성과 효율성에만 초점이 맞춰지다 보니 지역의 기호와 특수성이 무시될 수밖에 없다. 따라서 해당 지역의 소비자 성향을 최대한 반영한 제품에 대한 필요성이 제기되고 있다.

인구 고령화에 따른 변화는 단기적으로 일본처럼 경차 판매 확대라는 결과로 나타날 수밖에 없다. 하지만 중장기적으로는 자율주행자동차를 통해 인지력이 약화된 고령 운전자들의 사고 회피를 적극적으로 돕는 방법도 모색되고 있다.

IT의 발달이라는 양날의 칼

IT의 발달은 곧 지식정보의 발달을 의미한다. 나아가 빅데이터를 활용한 경영과도 직결된다. 도구로서의 역할은 공장 자동화와 사무 자동화의 통합을 통한 MIS(Management Information System)를 들 수 있다. 세부적으로는 경영자정보시스템(EIS: Executive Information System), 의사결정지원시스템(DSS: Decision Support System), 전략정보시스템(SIS: Strategic

Information System) 등이 있으며, 이 밖에도 ERP(Enterprise Resource Planning),
KM(Knowledge Management), CRM(Customer Relationship Management) 등 다양
한 관리시스템이 IT의 도움을 받아 발전해왔다.

이러한 시스템들의 도입으로 모든 회사 구성원들의 정보에 대한 접
근이 용이하게 되었고, 신기술이나 새로운 시장에 대한 빠른 학습이
가능해졌으며, 선택의 갈등을 줄여 의사결정이 빨라질 수 있게 되었
다. 시스템을 초기 도입하는 비용이 부담됨에도 불구하고 중장기적인
비용절감을 가능케 하며, 표준화된 품질로 제품과 서비스의 질을 높
일 수 있게 되었다.

더불어 빅데이터 시대가 되면서 데이터마이닝을 통해 각각의 소비
자 니즈를 연령과 지역별로 정확히 파악하고 맞춤식 제품과 서비스
제공이 가능해졌다. 현대차가 사용하고 있는 자동차 고객관계관리
(VCRM: Vehicle Customer Relationship Management)가 여기에 해당한다. 생산
에 있어서도 각종 정보를 분석해 공정오류를 찾아내고 품질 개선이
가능하도록 데이터를 이용하고 있고, 스마트 물류시스템을 이용해 물
류와 운송의 최적화를 꾀하는 것 역시 빅데이터의 결과물이다.

향후에도 자동차 분야에서 빅데이터 활용은 무궁무진할 것으로 판
단된다. 차량에 부착된 센서 데이터 분석으로 판매 차량이 문제없이 운
행되고 있는지, 부품에 이상이 없는지를 파악해 대량 리콜 사태 등을
예방할 수 있을 뿐 아니라, 특정 지역에서 운행되는 차량이 공통적으
로 어떤 부품을 자주 교체하는지 등을 파악해 서비스 역량을 제고할 수
있다. 제조나 폐기 단계에서 축적한 데이터로 생산효율재활용율 제고

도 가능하다. 스마트카 시대에는 운전자의 습관, 자주 이용하는 노선 등을 분석해 자동차보험의 차등 수가 적용에도 이용할 수 있다.

IT 발달에 따른 부정적 환경도 함께 고민해야 하는데 먼저 IT업체들의 스마트카, 자율주행자동차, 인포테인먼트 분야의 침투를 들 수 있다. 구글과 애플이 자동차사업에 뛰어들겠다고 공공연하게 말해오고 있으며, 전자결제시스템으로 유명한 페이팔Paypal 창업자 엘론 머스크가 테슬라라는 전기자동차회사로 순식간에 시장을 떠들썩하게 한 것도 이러한 영향이다. IT 발달에 힘입어 경쟁사들이 속속 등장하고 있다는 사실도 경영상 매우 중요한 고려 요소가 되었다.

뿐만 아니라 IT 발달로 인해 다양한 이해관계를 가진 소비자들이 인터넷상에서 소통이 가능해졌고, 부정적 경험을 가진 소비자들의 불만으로 시작한 안티문화가 크게 확산된 점도 회사의 중요한 고려 요소가 되었다. 사상 최대의 리콜이라 불렸던 도요타의 리콜로 천문학적 비용이 들었고, 오너가 미국의회 청문회까지 불려간 사태도 소비자 불만이 인터넷으로 확산되며 나타난 현상이었다.

최근 내수시장에서 역성장이 오랫동안 지속되자 현대차는 파워블로거, 안티현대들과의 직접 소통을 선언하기에 이르렀다. '현대차가 말한다'라는 SNS 커뮤니케이션을 통해 그간 인터넷 상에서 돌던 내수-수출 차종 간 강판 차별, 기술적 결함, 안전부품 차별, 핸들 잠김, 결로광도 등에 대한 오해를 직접 해명하고 온오프라인 상에서 직접 테스트를 공동으로 진행하는 등 안티현대를 품기 위한 노력을 진행하고 있는 것이다.

현대차그룹의 다양한 SNS 채널

자료: 현대차

멘토의 *Tip* ㉞ — 자동차와 IT의 융합 이해하기

자동차와 IT가 어떻게 융합되고 있는지를 이해합니다.

세계경제가 장기 저성장 시대로 접어들게 됨에 따라 각국 정부도 다양한 경제 정책을 내놓고 있습니다. 미국과 중국의 해법이 다를 수 있고, 신흥시장은 그들만의 정책을 펼치고 있습니다. 이는 현지 환경에 대한 분석을 보다 세심하게 다뤄야 한다는 것을 시사합니다. 또한 IT의 발달로 더 이상 도요타와 GM 같은 자동차회사만을 경쟁자로 설정해서는 안 되는 시점에 도달해 있습니다. 자동차에 IT기술이 어떻게 접목되고 어떤 잠재 경쟁자들의 탄생 가능성이 있는지 등에 대해 심도 있는 고민이 요구되는 대목이라 하겠습니다.

'자동차 IT 융합'을 키워드로 해서 관련 동향을 잘 파악해보시기 바랍니다. 스마트카의 미래가 자동차업계 지형도를 어떻게 바꿔놓을지 아무도 알 수 없는 상황입니다. 급속도로 진화하는 자동차산업의 미래를 보려면 인터넷이 모바일과 결합하면서 어떤 결과들이 만들어졌는지, 또한 핸드폰이 스마트폰화하면서 플랫폼 비즈니스가 어떻게 탄생할 수 있었는지 등과 같은 IT가 만들고 있는 다양한 산업과 시장의 스토리들을 정리해보시기 바랍니다. 그런 내용들을 잘 이해할수록 자동차에 대한 통찰의 힘도 함께 커질 것입니다.

02

처음부터 끝까지,
함께 가야 할 고객

예방점검을 기본으로 하는 서비스

현대차의 대표적 소비자 만족 프로그램으로는 일반적인 A/S 즉, 애프터서비스보다 훨씬 능동적 개념인 '찾아가는 서비스Before service'와 '블루멤버스Blue members'를 들 수 있다. '블루멤버스 포인트'는 기존 고객이 현대차의 새 차를 재구매할 때 가격을 최대 3% 할인해주는 것이 핵심 포인트다. 블루멤버스는 2007년부터 시행된 현대차 소유자를 위한 멤버십 서비스로, 현대차를 살 때 포인트를 적립해주고 이를 현금처럼 쓸 수 있도록 하고 있다. 최초 신차 구매와 재구매의 경우에만 최대 15만 포인트(1포인트는 1원)를 제공하고 이를 현금 대신 쓸 수 있도록 해왔다.

먼저 비포서비스는 현대차를 타는 고객에게 직접 찾아가서 차량 성능 향상과 고객 안전에 관한 한 고장 전 예방점검 정비를 기본으로 하는 신개념 방문 서비스로, 수입차의 득세로 차별화된 서비스가 필요한 상황에서 만들어졌다. 또 홈투홈Home to Home 서비스를 운영하고 있는데, 블루멤버스 회원을 대상으로 제공하는 서비스로 직접 찾아가기 힘든 고객을 위해 고객이 원하는 시간과 장소에 전문 담당직원이 방문하여 차량을 인수하고 수리 후 다시 고객이 원하는 장소에 차량을 인도하는 서비스다. 이외에도 1990년 이후 신차를 3회 이상 구매한 개인고객이 직영 서비스센터에서 수리한 경우 수리공임의 10~20%까지 할인해주는 재구매 수리공임 DC 서비스도 운영하고 있다.

멘토의 Tip 35 현대차의 서비스 프로그램 공부하기

현대차의 여러 서비스 프로그램을 공부해봅시다.

현대차의 찾아가는 서비스, 블루멤버스, 홈투홈 등과 같은 고객 서비스의 내용을 파악하고, 여건이 된다면 주변 사람들을 대상으로 해당 서비스에 대한 인식을 조사해보시기 바랍니다. 취업 준비에 대한 고민을 보여줄 수 있는 효과적인 활동입니다.

현대차 블루멤버스 공식 홈페이지에 들어가서 어떤 서비스 구조와 혜택이 있는지 세밀하게 체크해보시기 바랍니다. 또한 '현대차 고객 서비스 전략'을 키워드로 검색해서 해외시장에서는 대고객 서비스 전략을 어떻게 가져가고 있는지도 살펴보시기 바랍니다.

소비자 불만의 진원지와 개선 방향

보배드림, SLR클럽, 아고라 등 인터넷에서 이미 '현까'와 '현빠'라는 용어는 설명이 필요 없을 정도로 확산되어 있다. 현까는 현대차를 비판하는 사람들을 지칭하고, '현빠'는 이들과의 대칭점에 서서 현대차를 지지하는 사람들이다. 상반된 서로의 입장으로 글을 쓰고 논쟁이 격화되면서 인신공격과 욕설도 난무하게 되었다. 현대차의 품질이나 사후 서비스에 대해 실망한 사람들이 온라인에서 적극적으로 의견을 피력하다 보니 자연스러운 불매운동으로 전개되기도 한다. 주로 현대차를 비난하는 목소리는 몇 가지로 요약될 수 있다.

첫째, 독점 기업에 대한 불만 사례가 공유·확산된 경우가 가장 많았다. 품질에 대한 불만과 사후 서비스 불만에 대한 것들이다. 여기에 대해선 현대차도 최선의 고객감동 서비스가 따라가지 않으면 강한 선입

견에서 벗어날 수 없음을 명심해야 한다. 과거의 서운한 감정들은 이를 뛰어넘는 경험으로만 극복될 수 있기 때문이다.

둘째, 과거에 있었던 내수와 수출용의 품질·서비스 차이가 안티현대 확산의 도화선이 되었다. 블로그를 통해 적극적인 해명을 하고 있지만, 단순히 국내외 규제가 다르다는 식의 대응만으로는 한계가 있다. 전 세계로 나가는 모든 제품에서 동일한 성능과 안전성을 확보해 소비자들의 불신으로부터 해방되어야 한다.

셋째, 수입차와의 성능, 가격, 옵션 등을 비교해서 열위에 있는 부분에 대한 비방이다. 옵션을 패키징해 판매하는 것은 글로벌 업체들의 공통적인 현상이지만, 다수가 선택하는 옵션을 불필요한 옵션과 패키징하는 것은 그 효용보다 고객의 부정적 감성을 자극하는 마이너스 요인이 클 수 있다. 그러므로 보다 고객지향적 옵션 정책이 필요하다.

넷째, 소위 성능의 과다 표기, 즉 '뻥마력'에 대한 논란들이 많았다. 이는 다이나모미터^{Dynamometer}의 사용 방법에 대한 세부 규정 결핍에 따른 부분이 크지만, 미국 EPA(Environmental Protection Agency)의 페널티 이후 전반적인 연비 측정 방법이 더 까다롭게 변하면서 개선된 바 있다.

다섯째, 해외 브랜드의 모델과 유사하다는 디자인 모방 논란이 매번 제기되고 있다. 하지만 피터 슈라이어 영입 이후 디자인의 '권위'라는 측면에서 분명 예전과 다른 위상이 되었다. 해외 디자인 연구소에 근무하는 현지 디자이너들의 의견은 오히려 타 업체가 현대·기아차의 디자인 요소에 대한 차용이 늘었음을 증언하고 있다.

여섯째, 차체 강성^{剛性}에 대한 불만족으로 소위 '쿠킹호일' 바디에 대한 비방이다. NHTSA, IIHS, Euro NCAP, KNCAP 등 전문기관에서 나온 최고 수준의 평가도 인정하지 않겠다는 것이다. 오히려 요즘은 고장력 강판의 적용으로 차체가 무거워질 만큼 차체 강성에 노력을 들이고 있다. 여기에 사후 서비스에 불만을 가진 고객들이 개별 사례를 공유하면서 더욱 확산이 된 것이다.

일곱째, 현대차의 안전성에 대한 불신으로 '흉기차'란 표현도 서슴지 않고 사용하고 있지만 GM, 크라이슬러, 도요타, 혼다 등에 부과된 대규모 리콜의 잣대에서 현대차가 비교적 큰 문제없이 인정받고 있다는 사실만 봐도 불만이 과도하다는 것을 알 수 있다.

결론적으로 현대차에 대한 소비자 불만과 브랜드에 대한 약한 충성도는 현대차가 극복해야 할 문제임에 틀림없다. 혹시 고객의 오해나, 아니면 현대차의 미흡한 부분이 있으면 솔직하게 이를 해결하는 과정이 필요하다. 내수시장에서 수입차에 일방적으로 밀리고 있는 것도 원활한 소통의 부재에서 나타난 결과다. 이는 현대차가 더 노력해야 할 부분이기도 하다.

안티 팬 대응전략 고민해보기

안티 팬 대응전략에 대해서도 고민해봅시다.

현대차의 안티 팬 문제는 실제 회사 내부에 '고객 커뮤니케이션 실'을 2014년도에 신설할 정도로 중요하게 인식하고 있습니다. 허위 사실에 대한 법적인 대응과 함께 고객과의 소통도 강화하겠다는 의미인데요. 국내 영업이나 마케팅 분야를 준비하는 경우라면 안티 팬 대응전략을 어떻게 가져가는 것이 바람직할지 고민해보시기 바랍니다.

관련 자료 찾아보기 ㉚
검색 키워드, '기업 안티 팬 대응'

'기업 안티 팬 대응'을 키워드로 해서 관련 자료들을 찾아보시기 바랍니다. 한 예로서 연예계에서도 관련 사건들이 빈번한 만큼 이런 곳에서 힌트는 없는지 한번 생각해보시기 바랍니다.

노사, 품질에 대한 이슈 해결하기

현대차가 당면한 사회적 압박은 대부분 노사관계 이슈와 품질(리콜) 관련 이슈가 아닌가 생각된다. 노사 문제와 관련해서는 끊임없는 갈등과 사회적 압박이 존재해왔다. 주간 연속 2교대 전환, 전환배치 관련, 정치파업의 노동법 위반 여부, 비정규직의 정규직 전환, 최근엔 통상임금 관련 이슈가 등장했다. 워낙 많은 노조원을 두고 있는 관계로 항상 노사 관련 이슈의 중심에는 현대차가 있어왔다. 최근 통상임금 문제의 핵심은 일정 근무일수 충족을 조건으로 한 정기상여금의 통상임금 해당 여부에 관한 이슈다. '고정성'과 '신의칙'에 관련된 이견으로 사회를 떠들썩하게 하고 있다. 임금체계 및 통상임금 개선위원회에서 향후 통상임금에 대한 범위 지정과 월급제 시행, 시간당생산량 개선 관련 합의가 이뤄져야 할 것이다. 노사 문제는 앞으로도 지속될 개연성이 크다. 일본의 합의문화보다는 유럽식 강성노조로 성장해온 부분이 크기 때문이다. 노사 갈등이 사라질 순 없다. 정당한 요구에 대한 정당한 해결, 생산과 판매에 최소한의 피해를 주는 범위 내에서 해결되어야 할 것이다.

다만 이미 급여수준에서 국내 대기업 중 최고 수준까지 높아져 있는 터라 추가적으로 임금 개선을 요구하긴 어려울 것으로 보인다. 국내외 품질, 리콜 및 서비스 차별에 대한 형평성 요구는 국내시장 점유율의 축소라는 상황적 압박과 소비자와의 소통 부재에 대한 비판으로 인해 점차 개선될 수밖에 없을 것이다. 국내 소비자들의 지지 없는 글로벌 성장은 분명 제한적이기 때문이다.

품질 문제는 내수용과 수출용 간 차별을 주장하는 소비자들과 동일하다고 맞서는 회사측의 의견 대립, 국내외 품질보증서 차별 시정, 안전 기준의 상향평준화, 리콜의 글로벌 동일 기준 적용 등 다양한 요구로 나타나고 있다.

노사 문제에 대한 사회적 논의 방향 이해하기

노사 문제에 대한 사회적 논의가 어떤 방향성을 갖고 있는지 이해합니다.

현대차의 노사 문제는 매우 상징성이 큽니다. 사회적 논의가 어떻게 흘러가고 있는지의 관점에서 이해의 시각을 갖춰두면 되겠습니다.

03

가성비 아닌
새로운 키워드가 필요하다

가격만으로 경쟁하기 어려운 환경

가격 대비 성능을 나타내는 가성비는 현대차의 성장에서 경쟁업체와 비교하여 가장 두드러진 특성이자 무기였다. 디자인, 연비, 성능, 옵션 등에서 양호한 평가를 받고 있음에도 불구하고 권장소비자가격이 경쟁 차종에 비해 낮았던 것이 고속 성장의 비결이었다.

뿐만 아니라 전반적인 품질, 중고차 가격 수준을 보여주는 잔존가치, 품질보증서, A/S 등에서도 높은 평가를 받았다. 대부분 현지 딜러들의 현대차 평가에서 품질 대비 월등한 가격경쟁력을 가장 높게 평가하고 있는 것도 이런 맥락이다.

하지만 최근 불리하게 전개된 환율과 수출, 해외공장 생산제품의 ASP를 높이려는 '질적 개선'으로 권장소비자가격은 물론, 인센티브 통제를 통한 실판매가격 상향이 이뤄졌다. 더군다나 최근 시장의 요구가 고연비, 친환경, 능동적 안전시스템 등에 집중되며 고가 부품의 채택이 늘어나고 있다. 다단변속기 장착, 듀얼클러치 트랜스미션, 터보차저, 차세대 자동 크루즈 컨트롤(ASCC: Advanced Smart Cruise Control), 자율비상브레이크(AEB: Autonomous Emergency Braking) 등 고가 부품 장착에도 불구하고 가격을 많이 높일 수 없는 환경인 것이다. 엔화 약세, 유로 약세에 힘입은 일본, 유럽 업체들의 가격 인하 공세가 거세다. 이제 가격만으로 승부를 내기엔 점점 어려운 환경이 조성되고 있다.

럭셔리 브랜드로 거듭나기 위한 단계적 전략

포지셔닝과 제품믹스는 가격 결정에서 가장 중요한 요인이다. 하지만 아직 현대차의 브랜드에 BMW나 다임러와 같은 프리미엄을 요구할 수는 없다. 동일한 양산브랜드인 일본 도요타, 혼다, 닛산에 비해서도 아직까지는 일정 부분 할인이 불가피하다. 자동차는 주택 다음으로 고가 소비재라 소비자들이 가격에 매우 민감하게 반응할 수밖에 없는, 지출효과가 크게 반영되는 제품이기 때문이다. 대부분 소비자들은 높은 가격이 좋은 품질을 대변한다고 믿는 속성이 있다. 또 소비자들은 고가 소비재의 경우, 해당 상품을 소유함으로써 다른 사람들과 차별적인 그룹에 속한다는 일종의 '자부심'을 가질 수 있다고 믿기 때문이다. 당연히 고가 소비재의 경우, 지불한 가격에 맞는 성능의 무결점을 요구하기 마련이다.

이런 소비자 특성으로 인해 현대차는 단계적 전략이 필요하다. 높은 품질에 대한 소비자들의 전반적 동의를 획득하는 게 첫 번째 단계다. 양산브랜드인 현대차를 자부심 느끼는 브랜드로 단기간에 만들긴 쉽지 않다. 따라서 고성능, 최고 연비, 최고 안전 등 기술적인 도약이 두 번째 단계가 될 것이다. 이 두 단계에서 큰 실패가 없다면 마지막으로 럭셔리 브랜드 론칭을 통해 높은 가격을 정당화시킬 수 있게 될 것이다.

현대차의 성장 맵 고민해보기

현대차의 성장 맵에 대해 고민해봅시다.

현대차가 가격 경쟁에서 벗어나 진정한 글로벌 기업이 되기 위해서는 품질에 대한 믿음, 기술적인 경쟁력을 바탕으로 럭셔리 브랜드 론칭이라는 단계를 밟아나가야 할 것으로 보입니다. 2015년 6월 현대·기아차가 미 시장조사업체 제이디파워의 신차 품질조사에서 최상위권을 기록하면서 품질 경쟁력을 대내외적으로 인정받았던 것도 이런 맥락에서 이해가 됩니다.

현대차의 품질 경쟁력이 최근 급상승한 데에는 정몽구 회장의 남다른 노력이 있었다는 것이 전문가들의 한결같은 평가입니다. 젊었을 때 부품 구매 파트 직원으로 출발한 정몽구 회장인 만큼 우연의 결과로는 보이지 않습니다. 정몽구 회장의 품질경영을 키워드로 하여 관련 보도나 분석자료들을 살펴보시기 바랍니다.

04

우려와 믿음 속
현대차가 찾아야 할 길

한국 자동차에 대한 우려의 시선들

한국 자동차 위기론이 최근 언론에 자주 등장하고 있다. 이는 4~5년 전 상승 분위기와 칭찬 일변도에서 180도 변한 모습이다. 거시경제환경의 변화와 신차 부재, 유가 하락에 따른 SUV 위주로의 차종 변화, IT를 필두로 한 이종산업의 친환경차 분야로의 침투 등이 불안감을 확산시키고 있기 때문이다. 이를 요약해보면 다음과 같다.

① 원엔환율 등 불리하게 전개되는 환율과 노무비 증가에 따른 원가율 상승으로 그동안의 가격경쟁력 상실
② 주력 시장인 미국에서 소형차 판매 감소가 눈에 띄게 나타나고 있다는 점, 현대차가 취약한 경트럭 비중이 커지고 있다는 점은

부담

③ 친환경차, 자율주행차 등 자동차산업의 근본적 생태계 변화와 구글, 애플, 테슬라 등의 등장에 능동적 대처가 없다는 점

④ 중국, 인도 등 후발주자들의 인수합병이나 글로벌 인재영입, 전방위 파트너십 구축에 비해 독자노선만을 고집하는 한국업체의 폐쇄성에 대한 우려

⑤ 내수시장에서 FTA효과, 우호적 환율로 인한 수입차의 빠른 성장과 국산차에 대한 소비자들의 냉담한 시선에 대한 우려

⑥ 내구성, 안전부품 차별화 등에 대한 품질 논란과 소비자 신뢰 하락에 대한 우려

⑦ 상대적으로 뒤처진 연구개발 부문에 대한 걱정과 각국 환경, 안전규제에 대한 우려

여전히 인정받고 있는 현대차의 저력

① **현대 생산방식** ┃ 포드의 대량생산 방식인 포디즘Fordism, 도요타의 JIT Just In Time, 표준작업, 자동화, 노동생산성, 개선 등을 앞세운 토요타이즘Toyotaism에 대응하는 현대만의 독특한 생산방식으로 '현대 생산방식'을 자주 얘기한다. 이는 JIS Just In Sequence로 대변되는 생산체계의 유연화와 현대모비스를 중심으로 하는 모듈화의 적극 채용, 그리고 로봇과 IT기술의 접목을 통한 생산효율성 강화

등이다. 아직 현대이즘Hyundaiism으로 표현하기엔 차별성이 적고, 독특한 방식으로 평가되기엔 이론적 정립이 부족한 부분이 있다. 또 기술개발과 엔지니어링 측면에서 매트릭스 조직으로의 개편, 플랫폼 공용, 파일롯 센터 운영을 통한 품질 점검 등이 현대차만의 고유 생산방식으로 평가되기도 한다.

② **선도자 vs. 빠른 추격자** | 선도자로서의 유럽, 미국, 일본 메이커와 달리 현대차의 빠른 추격자 전략에 대한 비판 혹은 효율성 판단도 자주 등장하는 주제다. 신기술 접목이나 기초기술 개발에 드는 막대한 비용 등 선도자들이 치뤄야 하는 매몰비용을 고려할 때, 후발주자인 현대차가 빠른 추격자 전략을 구사하는 것이 안전하다는 평가도 있지만, 톱 브랜드로 도약하지 못하고 계속 2nd, 3rd 레벨에 머물 수밖에 없는 이유로 지목되기도 한다. 하지만 현대차는 가솔린, 디젤, 하이브리드, 수소차, 전기차 등 여러 기술 요구에 동시적으로 따라잡는 다차원적 역량 강화와 기술내재화 고집을 통하여 시장의 수요와 변화에 신속히, 그리고 효율적으로 대응했다는 평가도 주어지고 있다.

③ **현대속도** | 2002년 뒤늦은 중국 진출에도 불구하고 빠른 속도로 업계 3위에 오른 현대차의 성장속도에 대한 학계의 관심이 많다. 북경기차와 조인트벤처를 설립한 후 2개월 만에 첫차인 EF쏘나타를 생산하고, 이후 놀랄 만한 속도로 2, 3공장을 지어 업력이 훨

씬 오래된 폭스바겐, GM에 이어 3위까지 성장하자 중국 언론들이 '현대속도'란 단어를 만들었다. 비단 현대속도는 중국에서뿐 아니라, 글로벌시장 확대에서 공용될 수 있을 정도다. 1997년 터키, 1998년 인도, 2002년 중국, 2005년 미국을 비롯해 2009년 체코, 2010년 러시아, 2012년 브라질 공장을 준공하며 실로 현대속도로 글로벌 확장을 성공시켜왔다. 또 현대차가 기아차를 인수한 1998년 당시 양사의 연간 판매는 260만 대 수준에 불과했으나, 2014년 말 기준 800만 대로 단기간에 크게 성장했다. 1998년 세계 10위에서 2008년 5위로 격상된 것이다. 양적성장 속도가 워낙 빨랐기 때문에 품질, 서비스, 연구개발 등 핵심적 역량이 흔들릴 수 있다는 경고로 '질적 성장'에 주안점을 두고 있는 상황이다. GM과 도요타의 양적성장 이후 후유증에 대한 간접 경험이 있었기 때문이다.

워크숍에 자주 등장할 만한 주제들 생각해보기

워크숍에 자주 등장할 만한 주제들을 고민해봅시다.

위 용어들은 관련 산업 워크숍에서 자주 다뤄지고 있습니다. 그만큼 중요하다는 의미이지요. 특히 현대 생산방식은 도요타의 린 생산방식처럼 현대차만의 아이덴티티로 연결될 수 있는 만큼 관련 자료를 참고해보시기 바랍니다.

전국금속산업노동조합연맹에서 발간한 〈현대차의 모듈 생산방식〉 보고서를 살펴보면 현대 생산방식에 대한 자세한 이해를 할 수 있습니다. '현대 생산방식'을 키워드로 해서 그 특징과 도요타와의 차이점 등도 분석해보시기 바랍니다.

경영 요소:
현대방식으로 현재를
뛰어넘어라

현대차의 세계시장 점유율은 현재 5위입니다. 후발주자로서 빠르게 놀라운 성과를 낸 건 사실이지만, 더 위로 올라가지 못한 채 중국의 추격까지 가세해 뭔가 새로운 돌파구가 필요한 시점입니다. 일각에선 한국의 자동차에 우려의 시선을 보내지만, 여전히 현대차가 보여주었던 '현대방식'에 대한 신뢰는 큽니다. 도전과 역발상, 속도 등으로 대표되는 현대방식으로 현재를 돌파할 전략을 함께 살펴봅시다.

현대차를 이끄는
경영철학

다섯 가지 핵심 가치

현대차는 조직원들에게 행동과 의사결정 기준으로 그동안 입증된 고속성장의 성공 DNA를 제시하고 있다. 이는 ①고객 최우선 ②도전과 실행 ③소통과 협력 ④인재 존중 ⑤글로벌 지향의 5가지 핵심 가치다.

먼저 자동차는 소비자의 평판과 만족 없이는 판매를 높일 수 없는 대표적 재화다. 한 번 입소문이 잘못 나면 불매운동으로도 이어지는 위험성도 있다. 따라서 품질, 서비스, 성능 등에 관한 한 고객의 만족이 최우선 지향점이 되어야 한다. 최근 내수시장에서의 부진이 고객 불만 확대와 함께 나타나고 있다는 점에서 다시 최우선 과제로 집중해야 할 목표이기도 하다.

두 번째, 국내 최초의 국산차를 만들었고 최단 기간에 글로벌 대표기업으로 성장한 것이 '도전적 실행'에서 왔음은 주지의 사실이다. 안주하는 순간 급변하는 자동차산업에서 도태될 수 있기에 지속되어야 할 가치관이기도 하다.

세 번째, 소통과 협력은 완성차, 부품, 제철, 금융, 건설 등 다양한 사업부가 그룹을 이루어 상호 관련을 맺고 사업을 영위하고 있다는 측면에서 반드시 필요한 가치다. 뿐만 아니라 재경(예산), 연구개발, 기획, 생산, 판매, 마케팅, A/S 등 다양한 부서들 간 소통과 협력이 없다면 효율을 기하기 어려울 수밖에 없다. 현대차 문화에서 가장 부족한 부분으로 생각되는 것 역시 소통과 협력이다. 노사 간 극심한 대립, 국내외 판매 간 물량 배분, 재경과 연구개발, 고객과의 소통 부재, 회사와 주주 간 대화 등 여러 곳에서 여전히 미진한 모습들이 많이 관찰되는 것이 이 대목이다.

네 번째가 인재 존중이다. 현대캐피탈, 현대카드에서 혁신적 인사 시스템과 인재 존중의 실험들이 일어나고는 있지만, 여전히 제조업 중심의 현대차는 투박하고 원칙 없는 '럭비공 식'의 인사관리가 진행 중이다. 항상 긴장할 수밖에 없다는 측면에서 업무의 효율에 플러스 영향을 끼칠 수는 있지만, 인재 존중의 관점에선 여전히 마이너스 요인일 수밖에 없다.

다섯 번째가 글로벌 지향이다. 글로벌 비즈니스의 기회가 점점 많아지고 있어 타 문화의 다양성에 대한 인정, 타 문화를 대하는 태도, 커뮤니케이션 능력 등이 요구될 수밖에 없다.

현대차의 조직구조

부서	팀	부서	팀
경영지원	IT	상품	상품전략
	법무		시장분석
	인사		고객서비스 지원
	조사연구/기획		국내보증운영
	총무/관재		국내서비스운영
	홍보		국내서비스지원
구매	VAATZ(현대차 통합구매시스템)		서비스품질지원
	구매기획		서비스협력사운영
	구매원가관리	연구개발	선행개발
	부품개발		연구개발 기획 및 지원
	부품구매		전자개발
	협력업체관리		차량설계/평가
	통합구매		파워트레인
국내마케팅	브랜드마케팅	재경	경영관리
	시장 전략기획		원가관리
	신차런칭		재무관리
국내영업지원	CRM & CS		회계관리
	Order to Delivery & Logistics	중국산업	경영지원
	Sales Promotion		사업운영
해외마케팅	디지털광고 전략수립 및 진행		상품전략
	모터쇼 및 행사		전략기획
	스포츠 마케팅	파이롯트	시작차 품질확보
	인쇄광고		파이롯트 신차개발
	해외런칭 지원광고 및 이미지광고	품질	성행품질
해외영업	수출기획		품질기획
	수출지원		품질보증
	해외판매		품질지원
	사업기획	플랜트기술	생산기술기획
	해외상품		선행생산기술
	해외서비스		양산생산기술
디자인	감성/칼라디자인		툴링기술
	내외장스타일링	플랜트운영	보전기술
	디자인기획		생산관리
	디지털디자인(CAS/CAD/AM/SE)		생산운영
	선행디자인		운영/지원
	해외서비스		품질관리

자료: 현대차

 **현대차 5대 핵심 가치의 의미와 관련 전략들을 잘 파악해봅시다.**

현대차의 5가지 핵심 가치에 대해 그 의미와 관련 전략들을 잘 파악해보시기 바랍니다. 자신의 대내외 활동이나 도전 과정이 현대차의 이런 핵심 가치에 어떻게 부합할 수 있는지도 생각해보시기 바랍니다.

관련 자료 찾아보기 ㉝
현대차 지속가능보고서 〈The Road To Sustainability〉

〈The Road To Sustainability〉를 키워드로 현대차 발간 자료를 찾아보시기 바랍니다. 현대차는 2003년부터 매년 이해관계자들과의 적극적인 커뮤니케이션의 일환으로 동 지속가능보고서를 발간하고 있습니다.

관련 자료 찾아보기 ㉞
검색 키워드, '현대차 핵심 가치'

'현대차 핵심 가치'를 키워드로 해서 관련 자료를 최대한 자세히 살펴보시기 바랍니다. 채용 과정에 있어 가장 중요한 잣대로 작용하는 만큼 항상 머릿속에 살아 있도록 하시기 바랍니다.

위기에 대응하는 방식

점차 증대되고 있는 다양한 내외부 리스크에 효과적으로 대응하기 위해 현대차는 전사 차원에서 대응해야 할 리스크를 파악하고, 경영 위협 요인으로 발전될 수 있는 잠재적인 핵심 리스크에 대해서는 체계적이고 선제적으로 관리하고 있다. 리스크 관리를 체계화함으로써 사업의 지속가능성을 저해하는 위협 요인을 적시에 발견하고 이에 신속히 대응하고자 함이다. 잠재된 리스크 요인이 위기 상황으로 진전되기 전에 가시화함으로써 리스크 요인을 사전에 제거하기 위한 것이다.

리스크는 내외부 발생 요인에 따라 대외 리스크와 대내 리스크로 구분하고 있다. 외부 요인으로 발생하는 대외 리스크는 거시환경 리스크, 산업환경 리스크로 구분되며, 내부 요인으로 발생하는 대내 리스크는 전략 리스크, 운영 리스크로 구분된다.

'핵심 리스크'는 지속적으로 대응해나가야 할 리스크이다. 거시환경 리스크로는 급격한 지각변동, 기상 이변, 인적 재난 사고, 해외 거점의 정치 불안, 반기업 정서, 미디어 영향력 확대 등을 들 수 있으며, 산업환경 리스크로는 경쟁 심화, 부품 공급 중단, 이종산업 경쟁자 시장 진입, 대체재 등장 등을 예시할 수 있다. 전략 리스크로는 경영권 위협, 모럴 해저드, 브랜드 파워 약화, 윤리경영 이미지 훼손, 생산판매 비효율, 계열사 경영 부실 등을 들 수 있으며, 운영 리스크로는 대규모 리콜, 노동쟁의, 핵심 인력 유출, 규제 위반, 특허권 분쟁, 개인정보 유출, 자금 경색 등을 예시할 수 있다. 이 같은 핵심 리스크에 노출되면 그 동안 축

적된 회사의 유무형 자산이 훼손되고, 그것을 다시 회복하는 데는 측
량할 수 없을 정도의 많은 자원이 소요된다. 현대차는 이러한 리스크
에 선제적으로 대응하여 리스크를 사전에 예방하는 데 최선의 노력을
기울이고 있다.

현대차의 리스크 전략

대외 리스크 요인		대내 리스크 요인	
거시환경 리스크	산업환경 리스크	전략 리스크	운영 리스크
기업을 둘러싼 대외환경 변화로부터 야기되는 경영상의 불확실성으로 자연환경, 사회환경 등 기업과 직접적인 이해관계가 없는 요소들에 의해 발생	대외환경 중 기업과의 직접적인 이해관계에 있는 산업환경상의 주체들의 변화적 요소들에 의해 발생	수립된 전략이 적절한 성과를 거두지 못하고 실패할 가능성, 전사적인 파급효과를 미치는 요인들에 의해 발생	사업 프로세스, 시스템상의 문제로 기업 목표달성/운영 효율에 차질을 빚게 할 리스크로 내부 자원을 관리하여 업무 단위 대응이 필요한 영역에서 발생

대분류	중분류	핵심 리스크명	리스크 설명
거시 환경	재난/재해	급격한 지각변동	지진, 화산폭발, 쓰나미 등
		기상이변	폭설, 폭우, 태풍, 혹서, 혹한, 가뭄, 우박 등
		인적 재난 사고	화재, 테러, 식중독, 전염병
	국가	정치 불안	급격한 정권 교체, 폭동, 민주화 시위 확산 등
	국내정치	북한체제 불안	북한체제 붕괴, 전면전, 국지전 등
	사회	미디어 영향력 확대	블랙 컨슈머, 사이버상 유해정보 확산 등
	경제	원자재 수급 차질	원자재 가격 급등, 희토류 자원 무기화 등
		환율 변동성 확대	환율 분쟁, 원화가치 급등락, 엔고/엔저 등
		경기 침체	유럽 경기 침체, 신흥국 경기 성장 둔화, 내수 경기 양극화 등
산업 환경	경쟁자	경쟁 심화	출혈 경쟁, 친환경차 개발 경쟁 등
	협력사	부품공급 중단	협력사 파업, 부도, 영업정지 등으로 부품 납품 중지
	신규 진입자	이종산업 경쟁자 시장진입	전자, 전기, 통신 등 이종산업 업체의 자동차시장 진입
	기술/대체재	핵심 기술/대체재 등장	혁신적 신기술/대체재 등장주기 가속화 등
	노동단체	노동운동 확산	국내외 노동운동 긍정적 전개 등
	정부	자국 산업 보호정책 강화	비관세 무역장벽, 선별적 규제정책 등
전략	지배구조	경영권 위협	적대적 M&A 등 외부세력의 경영권 위협
	조직구조	작업 모럴 해이	작업 모럴 해이로 노동생산성의 급격한 저하 등
	브랜드	브랜드 파워 약화	글로벌 브랜드 파워 하락
	커뮤니케이션	반기업정서 확산	반기업정서로 정상적인 기업활동에 지장 등
		윤리경영 이미지 훼손	직원의 사회적 물의, 비윤리적 행위 등
	사업 포트폴리오	생산, 판매 비효율	설비 과잉투자, 시장 수요와 생산계획 간 괴리 등
		계열사 경영 부실	주요 계역사 실적 악화로 기업가치 하락 등
		성장 시장 환경 변화	성장 시장에서 공장 신증설 제약 요인 부상 등
운영	생산/품질	대규모 리콜	대규모 리콜 실시, 금전적, 비금전적 손실 발생 등
	인사/노무	노동쟁의(파업)	파업으로 인한 조업 차질 등
		핵심 인력 확보 실패	숙련된 인재 부족, 핵심 인력 유출 등
		직원 고령화	직원 고령화에 따른 생산성 저하, 기술 노하우 전수 실패 등
	준법	규제 위반 및 제재	공정거래법, 각종 환경·안전 규제 위반 등
		특허권 분쟁	경쟁사의 특허권 침해 소종 등
	정보기술/보안	사이버 공격	해킹, 악성 바이러스 유포, 핵심 보안 정보 유출 등
		개인정보 유출	고객 개인정보 유출로 인한 사회적 물의 발생 등
	재무	자금 경색	자금 경색으로 인한 유동성 리스크 직면 등

자료: 현대차 지속가능성 보고서 〈The Road To Sustainability〉

02

세분화된 고객을 위한
'뉴 프리미엄' 전략

현대차 매출을 구성하는 네 가지 요소

현대차의 연결매출에 포함되는 요소는 ① 중외합작법인인 중국 BHMC (북경현대)를 제외한 국내외 현대차 공장에서 생산하는 공장출하기준 판매(Ex-factory=Wholesales) ② 현대차 판매법인이 소비자나 딜러에게 판매하는 소매유통판매(Retail Sales) ③ 금융계열사(현대캐피탈, 현대카드, HCA, HCE, HCC 등) ④ 기타 법인(현대로템, 현대케피코, 현대오트론)의 네 가지다. 공장출하기준판매와 소매유통판매는 서로 상계되는 구조다. 즉, 공장에서 100대를 만들어 팔아도 판매법인에서 90대밖에 판매하지 못했다면 10대는 재고로 처리, 미실현손익으로 매출에서 차감된다.

금융법인은 할부, 리스의 금리 조절을 통해 자동차 판매를 지원하는 역할을 담당하는데, 조달금리와 대출금리 간 차이에 따라 매출(영업수익)이 결정된다. 자동차 판매가 어려울 때 무이자 할부를 실시한다면, 여기서 발생하는 손실을 금융자회사와 완성차 간에 나눠 부담하기도 한다.

기타 법인은 철도사업, 방위사업, 플랜트사업 부문을 가진 현대로템과 자동차 엔진제어, 소프트웨어를 담당하는 케피코, 오트론으로 구성된다. 이들 4개 부문이 만들어낸 매출액은 매년 지속적으로 증가해왔으나, 최근 불리한 환율로 인한 원화기준 가격정체와 양적성장 지양에 따라 정체국면을 맞이하고 있다.

Fig 39

현대차의 매출 규모와 최근 성장세 추이

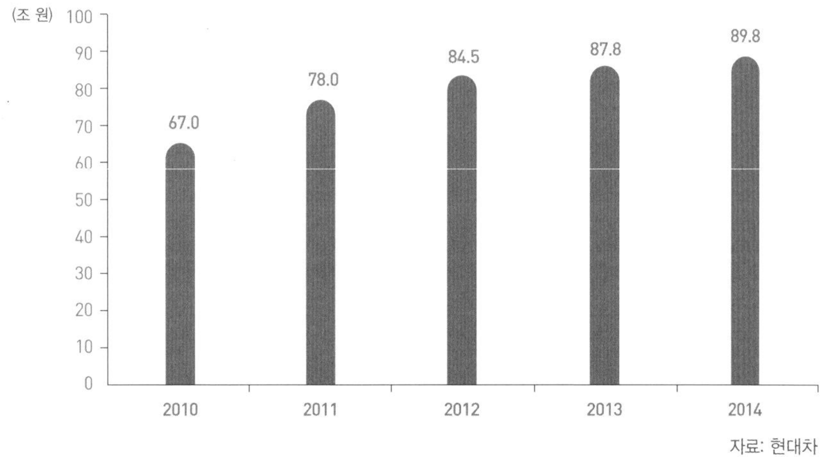

현대차의 매출 구성을 이해합니다.

현대차의 매출이 어떻게 구성되는지 간략하게나마 이해해두시기 바랍니다. 크게 4가지로 구성되고 각각은 어떤 요인들에 의해 매출이 이루어지는지를 체크해두시기 바랍니다.

품질, 가격이라는 두 가지 강점

a. 품질보증

기술력과 브랜드력에서 열위에 있던 현대차가 지금과 같이 성장할 수 있었던 가장 큰 계기는 파격적인 품질보증서 제공에 있다. 미국시장은 기술장벽이 매우 높은 시장으로 설령 진입하더라도 시장점유율을 높이고 살아남기란 쉽지 않기 때문이다. 현대차는 1980년대 엑셀신화 이후 곧바로 찾아온 1990년대의 품질 문제와 판매 부진이라는 약점을 역으로 이용했다. 1999년에 16만 대에 그쳤던 미국 내 현대차 판매는 '10-10 품질보증제도' 도입과 더불어 2003년에 40만 대까지 비약적 성장을 이루게 된다. 모험에 가까웠지만 CEO의 파격적 결정으로 '10년 10만 마일 파워트레인 품질보증'제도를 선언한 것이다. 이는 10년간 고객과 딜러의 관계를 반 강제로 유지시켜주는 획기적인 마케팅 방법이었다. 1차적으로는 제품에 대한 신뢰를 얻을 뿐 아니라, 2차적으로는 딜러와 고객 간 오랜 관계를 형성할 수 있다는 측면에서 크게 성공한 전략이었다. 이러한 품질보증제도를 시행한 지 이미 십여 년이 지났지만, 여전히 글로벌 기업들은 현대차의 수준에 못 미치는 품질보증 정책을 전개하고 있다.

현대차는 미국에 이어 유럽에서도 '5-5'를 부분적 '7-7' 품질보증제도로 확대하는 마케팅을 전개하고 있다. 품질에 대한 자신감이 없다면 도박에 가까운 마케팅 전략이지만, 십수 년 기록은 전혀 문제가 없었다고 확인되고 있는 만큼 분명 타 경쟁업체에 비해 우위에 있는 전략이다. 국내 소비자들에게도 빠른 시일 내에 이런 동일한 수준의 품질보증제도가 실시되길 기대하고 있다.

b. 가격

가격 대비 효용이라는 가치는 글로벌마켓 어디서나 통용되는 가치다. 특히 자동차와 같이 가격이 높은 재화의 경우 더더욱 그렇다. 이동과 운반이 필수적인 현대사회에선 자동차가 필수재이자 사치재의 성격을 동시에 지닌다. 따라서 소득분위별로 다양한 가격-성능 조합을 찾게 마련이다. 그런 면에서 지금까지 현대차가 제공해온 가격 대비 효용은 분명 매력적으로 어필될 수 있는 부분이었다. 이는 비단 미국이나 유럽뿐 아니라 중국, 인도, 브라질, 러시아 등 신흥시장의 소비자들에도 동일하게 적용되는 가치다. 저렴한 가격에 양호한 동력 성능과 다양한 안전, 편의 장비가 장착된 제품을 판매해왔기 때문이다.

이는 규모의 경제, 모듈방식으로 생산되는 효율성, 플랫폼 통합, 최고 수준의 단일 모델당 판매량(전체 판매량, 모델 수) 등이 뒷받침되었기 때문이다. 하지만 경쟁업체들이 경제위기를 거치면서 체질 개선에 성공했고, 대부분 유사한 가치를 제공하고 환율로 인한 가격경쟁력이 생기면서 가격 대비 효용에서 현대차만의 차별성이 희석되고 있어 우려가 된다.

현대차의 품질보증 프로그램 분석하기

현대차의 품질보증 프로그램에 대해 상세히 분석해봅시다.

현대차의 품질보증 프로그램은 현대차만의 고유 경쟁력으로 평가받고 있습니다. 특히 2008년 금융위기 발생으로 미국 직장인들의 실업에 대한 공포감이 커졌을 때 '직장을 잃으면 어떻게 하느냐고요? 걱정 마세요. 저희가 차를 되사드리겠습니다'라는 카피를 넣은 광고가 큰 성공을 거둡니다. 2007년을 기점으로 현대차는 정몽구 회장의 강력한 의지로 저가 전략 대신 할부금융을 크게 강화합니다. 국내와 달리 미국은 리스나 할부금융 프로그램을 많이 이용하는 시장이고, 할부금융을 강화하면서 자연스럽게 할인판매 필요성을 줄이기 위한 전략이었습니다. 금융위기로 할부금융이 매우 위축되었을 때였지만 이런 품질보증 전략은 미국시장에서 현대차 브랜드를 크게 각인시키는 계기를 만들었다는 것이 전문가들의 공통된 평가입니다.

맞춤 고객을 위한 '뉴 프리미엄' 전략

현대차의 경우 내수시장 수성을 위해 기존의 매스마케팅에서 보다
정교한 고객 타겟팅과 맞춤형 마케팅으로 전략을 바꿔가고 있다. 고객
의 특성과 선호도를 보다 세분화해 합당한 제품을 매칭시키겠다는 것
이다. 예를 들면 기존 차량에 쉽게 질려하는 20~30대에게는 합리적 가
격에 튀는 디자인을 입힌 PYL(Premium Younique Lifestyle) 라인업을, 유러
피안 스타일을 원하는 소비자에겐 i시리즈를, 캠핑문화 확산에 따라
싼타페보다 좀 더 커진 맥스크루즈를, 4,000만 원대의 수입차 인기 속
에 국산차 가격 공백을 이용한 아슬란 출시 등이 그런 예다. 모델과 트
림의 종류가 다양하고 여러 브랜드가 나뉘어 싸우는 수입차에 맞서기
위해선 다양한 제품이 출시되어야 시장점유율을 지킬 수 있다.

현대차는 가성비에서 고품질, 여기서 더 나아가 '뉴 프리미엄New premium'
으로 가겠다는 게 향후 로드맵이다. 브랜드 가치를 높여 가격을 더 받
겠다는 의지로 볼 수 있는 대목이다. 제네시스(제네시스, 제네시스쿱, 향후

제네시스 SUV 출시 전망)를 좀 더 고가의 라인업으로 가져가는 작업도 이런 맥락이다. 한편으론 기아차와 일정 수준의 가격 차이와 브랜드 가치의 간극을 만들어 별도의 럭셔리 브랜드를 도입하지 않더라도 현대차의 브랜드를 상대적으로 더 높게 가져가겠다는 전략도 기저에 깔려 있다. 이외에도 파워트레인의 동력 성능을 높이고, 고장력 강판 비중을 높이는 동시에 AEB와 블루링크 등 최첨단 안전·편의 사양을 탑재하는 것도 이러한 맥락이다. 기아차는 동일한 섀시에도 현대차와 차별화하기 위해서 상품성은 동일하게 가되, 디자인 차별화와 보다 다이내믹한 주행에 초점을 맞추고 있다.

각 모델별 자동차 동호회는 가장 충성도가 높은 소비자들의 모임이라고 볼 수 있다. 자동차 기획단계에서 출시까지 동호회의 다양한 의견과 기대를 수렴하는 과정은 이제 필수가 되었다. 기존 모델의 디테일한 장단점과 경쟁 차종과의 비교, 개선점 등이 다양하게 개진되는 곳이기 때문이다. 최근엔 내수시장 점유율 하락과 안티현대 정서의 확산으로 국내 영업본부 내 커뮤니케이션실을 신설한 바 있다. 커뮤니케이션실의 업무는 신차에 대한 소비자 반응 및 평가를 수렴하고 고객 초청 행사를 주최하는 등 소비자 관련 업무를 통합관리하는 것이다. 마케팅 및 영업지원 부서에 흩어져 있던 소비자 관련 업무를 커뮤니케이션실이 통합관리해 이전보다 적극적이고 신속한 소비자 대응에 나서기 위한 것이다. 향후엔 소비자 빅데이터 취합과 해석까지도 가능할 것으로 보인다.

현대차의 마케팅 전략 알아보기

수입차 공세에 맞선 현대차의 마케팅 전략에 대해 알아봅시다.

수입차 공세로 내수시장 수성에 분주해진 현대차로서는 마케팅 전략도 보다 정교해질 수밖에 없습니다. 구체적으로 어떤 마케팅 전략을 구사하고 있는지 간략하게 살펴보시기 바랍니다. 다만 마케팅 직무에 지원하는 경우라면 각 프로그램에 대한 보다 상세한 이해가 필요할 것입니다.

관련 자료 찾아보기 ㊱
검색 키워드, '현대차 마케팅 전략', '현대차 브랜드 전략' 

'현대차 마케팅 전략', '현대차 브랜드 전략' 등을 검색어로 관련 내용들을 파악해보시기 바랍니다.

천만 대 생산을 향한 의지

2014년 말 기준 현대차의 글로벌 생산량은 500만 대, 기아차는 300만 대 수준이다. 국내 생산량이 현대차 190만 대, 기아차 160만 대임을 감안하면 해외공장 규모가 450만 대 이상임을 알 수 있다. 여기에 2016년 기아차 중국공장 증설, 멕시코공장 가동, 2017년 현대차 중국

4, 5공장 완공이 계획되어 있고, 향후 현대차 미국 2공장, 인도 3공장 등도 검토될 수 있다. 그 외에 현재 30만 대 기본 단위에 미달되어 있는 터키(20만 대), 러시아(20만 대), 브라질(18만 대)의 추가 증설도 충분히 가능성이 있다.

결국 궁극적으로 현대·기아차의 장기계획은 1,000만 대에 맞춰져 있다. 이미 정몽구 회장은 2013년 청와대 회동에서 "열심히 노력하면 연간 1,000만 대 생산도 가능할 것으로 본다"란 의지를 먼저 내비친 바 있다.

Fig 40

향후 1,000만 대까지 증산이 예상되는 현대·기아차의 글로벌 생산능력

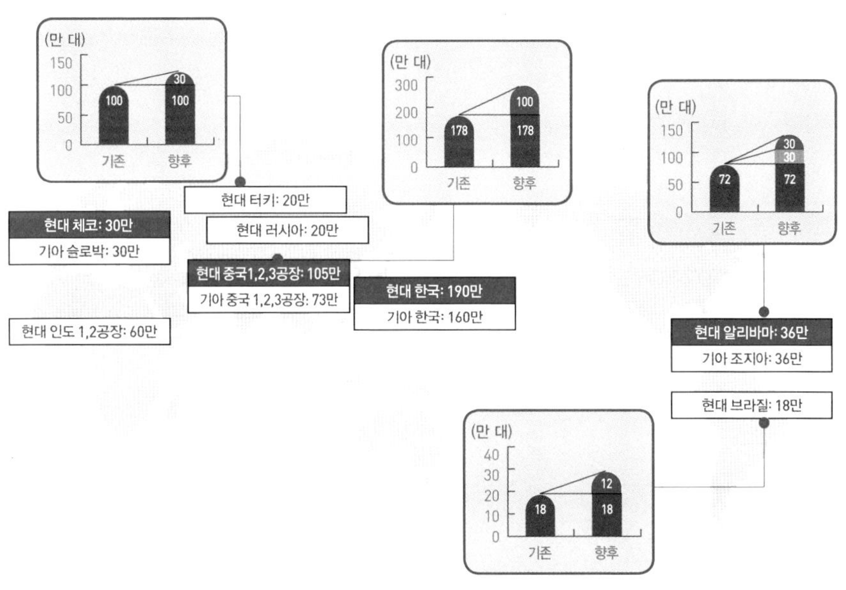

자료: 하이투자증권

 **현대차 글로벌 생산기지와 각각의 생산능력을 체크해봅시다.**

현대차 글로벌 생산기지와 각각의 생산능력에 대한 수치들을 확인해두시기 바랍니다. 현대차의 전략은 이들 생산기지를 기초로 해서 만들어져야 하므로 어느 공장에서 몇 대를 생산하고, 어느 시장에서 연간 몇 대를 팔 수 있는지 쉽게 말할 수 있어야 할 것입니다.

03

경쟁력 강화를 위한 노력들

프로세스 슬림화를 통한 시너지 극대화

현대그룹이 분리되면서 현대차그룹만의 독자성장이 시작된 이래 수직계열화는 매우 빠르게 진행되어 왔다. 지난 10년간 완성차 중심의 구도에서 부품, 소재, 금융, 물류 사업으로의 수직적 통합(Vertical integration)이 가파르게 진행됐다. 여기에 일관제철소를 건설하면서 폐차를 전기로에 용해해 다시 쇳물을 만드는 자원순환형 시스템까지 완성했다. 분명 전후방산업의 그룹 내 내재화에 대한 비판적 요소가 없지 않지만, 수직계열화가 가져다주는 경제적 이점도 분명 존재한다.

먼저 수직계열화는 제품의 판매가 잘되고 원활한 성장을 한다는 가정하에 시너지 효과가 매우 클 수밖에 없다. 현재 진행중인 수직계열화의 방향은 2000년 이후 현대모비스가 모듈화에서 자리를 잡았고,

자동차 비즈니스의 핵심인 파워트레인이 현대위아의 엔진 제조와 현대파워텍, 현대다이모스의 트랜스미션 제조로 수직계열화되었다.

수직계열화 성공에 대한 판단 여부는 일본 업체와 미국 업체의 상이한 사례에서 유추해볼 수 있다. GM과 포드가 각각 델파이Delphi와 비스티온Visteon을 계열분리한 이후 어려움을 겪었던 것에 반해, 일본 업체들은 강력한 수직계열 시스템으로 서브프라임 모기지 사태와 대지진 등을 겪으면서도 견고하게 버티는 모습을 보였다. 품질의 일관성 면에서도 일본 업체가 더 높은 점수를 얻었다.

수직계열화가 비난을 받는 이유는 경쟁 부재에 따른 비효율적인 생산비용에 대한 우려와 기술 변화에 둔감할 수 있다는 문제점 때문이다. 하지만 현대차그룹의 경우, 완성차가 하던 비즈니스인 모듈을 현대모비스에, 파워트레인을 현대위아, 파워텍, 다이모스에 이전한 것이기 때문에 오히려 군더더기 없이 날씬해질 수 있었다.

완성차 업체의 최대 화두는 '고정비의 변동비화'라고 볼 수 있다. 총원가는 주지하다시피 고정비와 변동비의 합으로 이루어진다. CVP(Cost Volume Profit) 분석이나 손익분기점BEP 분석은 '고정비의 변동비화' 중요성에 대해 잘 설명하고 있는 이론이다. 특히 현대·기아차처럼 글로벌 가동률이 100%를 상회하는 최적의 구조에서는 변동비 비중을 높이는 것이 비용 측면에서 유리하게 작용할 수밖에 없다. 그래서 수직적 통합과 동시에 아웃소싱 비중을 높이고 있는 것이다.

수직통합과 아웃소싱 확대를 통한 수익성 개선 메커니즘

엔진 라인과 트렌스미션 라인이 현대위아와 현대파워텍으로 부분이관되면서 연구개발비, 인건비
등 고정비가 크게 낮아졌다. 현대차그룹의 공급체인 및 충성도 높은 부품협력사 관계 강화로 양산
메이커 중 가장 높은 수익성을 가질 수 있게 되었다.

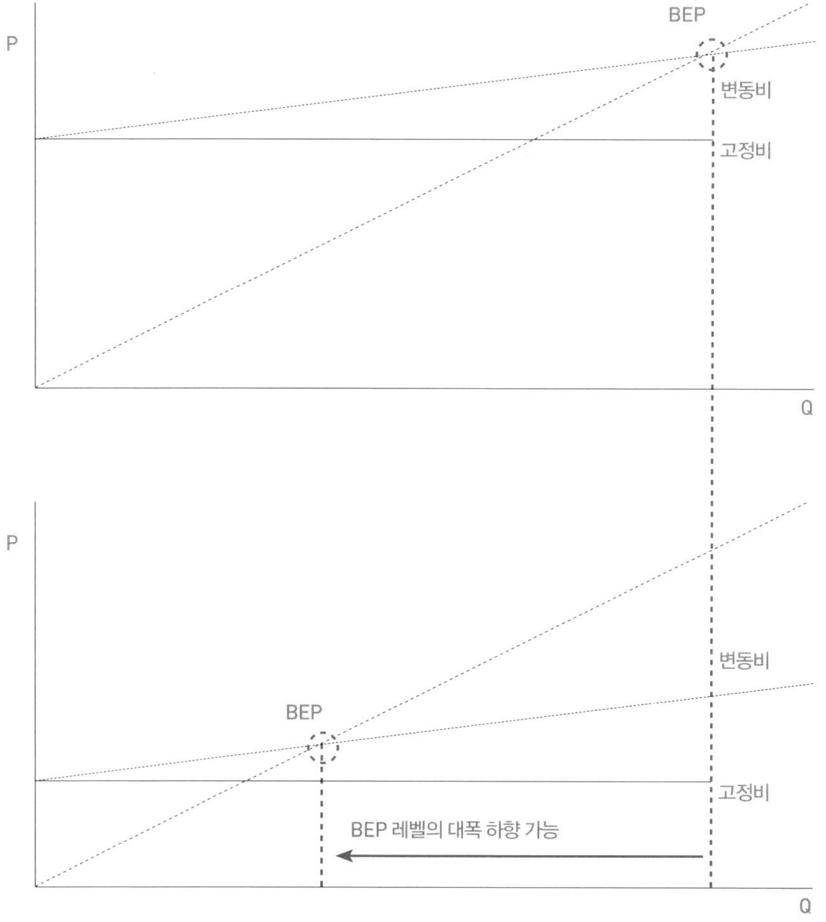

자료: 각 사, 하이투자증권

Fig 42

현대차의 핵심 계열사(수직적 통합)와 아웃소싱 업체의 인건비 비교

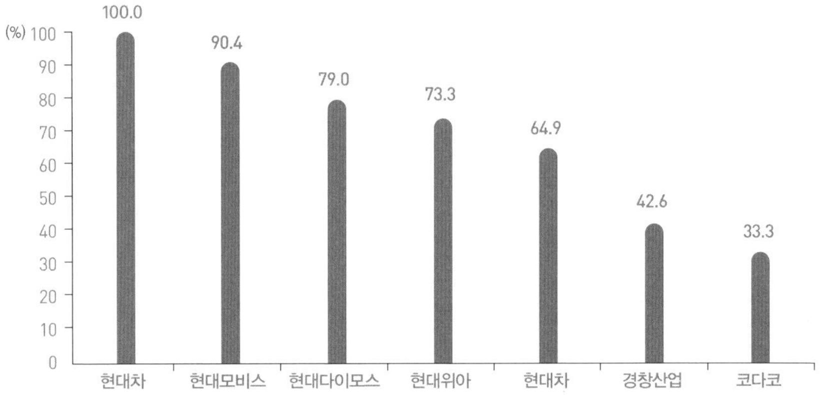

주: 경창산업은 자동변속기의 Drum, Hub, Cup을 생산, 코다코는 엔진, 변속기, 공조계통의 부품을 생산한다.

자료: 각 사

멘토의 *Tip* ㊺   재무전략의 배경 이해하기

수직적 통합과 아웃소싱 전략에 깔려 있는 재무전략의 배경을 이해합니다.

현대차는 수직적 통합의 효율화와 함께 아웃소싱 비중을 높이는 전략을 구사하고 있습니다. 이는 고정비의 비중을 대폭 낮춤으로써 안정된 현금 흐름을 만들기 위한 전략에서 출발하고 있습니다. 고정비를 낮춘다는 것은 핵심만 남기고 나머지는 아웃소싱 전략으로 간다는 린 전략에 근거하고 있다고 보면 될 것 같습니다. 린은 도요타 생산방식에서 나온 용어이지만 핵심 역량 중심의 슬림화된 조직으로 무장하여 최근 급성장한 실리콘밸리 스타트업들의 경영철학이기도 합니다. 흔히 '린 스타트업'으로 표현합니다.

경쟁우위에 있는 기술력

a. 세계적 수준의 제조 기술

현대차는 글로벌 업체들 중 모듈화를 빨리 접목한 회사다. 1990년대 말에서 2000년대 초에 일본의 덴소, 독일의 헬라 등 글로벌 부품사들이 모듈 방식의 부품공급을 시도할 때, 자동차 부품사로 탈바꿈을 시도하던 구 현대정공이 현대모비스로 사명을 바꾸고 본격적인 모듈화에 착수하면서 빠른 시간 내에 글로벌 선두주자가 되었기 때문이다. 때마침 중국을 필두로 본격적인 해외공장 건설에 나섰던 현대차그룹의 니즈와 일치하면서 글로벌 업체 중 가장 빠르게 모듈화를 진행할 수 있었던 것이다.

모비스뿐 아니라 많은 대형 부품업체들이 모듈로 현대차에 납품하면서 완성차의 생산공정을 크게 단축시키고 있다. 자동차 부품은 2만 개가 훨씬 넘는다. 이런 부품을 2, 3차 벤더로부터 소재나 단품, 하위 부품 형태로 납품받은 1차 벤더들이 모듈(Module, 덩어리) 형태로 만들어 완성차의 작업공정을 크게 줄여주므로 시간당 생산대수를 매우 빠르게 만들어주고 있다. 이러한 과정은 직서열생산시스템으로 더욱 효과를 발휘하게 된다. 예를 들어 완성차 공장에서 자동차 제작에 들어가면 모듈업체도 자동적으로 해당 차종에 맞는 모듈을 동시에 생산하는 방식이다. 일정 재고 부담을 안고 가는 도요타의 JIT 방식에 비해 재고 부담을 거의 제로 수준으로 유지한다는 측면에서 더 인정받는 생산방식이기도 하다.

b. 높은 가동률과 규모의 경제

현대차의 영업이익률은 BMW, 다임러와 같은 럭셔리 메이커를 제외할 경우, 양산메이커 중 도요타와 더불어 최고 수준이다. ASP가 높거나 제품믹스가 월등해서가 아니다. 생산능력 대비 실제 생산량을 의미하는 가동률이 높기 때문이다. 제조업체 특성상 높은 가동률은 높은 수익성과 직결된다. 매출액 중에서 고정비를 회수하고 이익을 획득하는 데 공헌하는 금액을 공헌이익Contribution Margin이라 부르는데, 손익분기점을 넘어서서 만드는 생산량은 모두 수익으로 귀속되며, 최대 수익을 내는 임계점Critical Point을 넘어서서는 수익결정 커브의 기울기가 더 가파르게 된다.

대단한 점은 이 높은 가동률이 전 세계 메이커 중 가장 큰 규모의 공장들에서 달성된다는 점이다. 도요타의 기본 생산단위는 15만 대로 각 지역마다 잘게 분산되어 있다. 반면에 현대차는 기본 생산규모가 30만 대로 도요타의 2배에 달한다. 대규모 공장에서 규모의 경제가 시현될 뿐 아니라 이 설비를 통해 가동률 100%를 달성하고 있다는 점이 높은 수익으로 나타나는 것이다.

c. 제품의 하드웨어 경쟁력

후발주자로서 아직까지 크게 내세울 수 있는 하드웨어 경쟁력은 제한적이다. 하지만 단시간 내에 완성도 있는 엔진의 내재화에 성공했다는 점은 독자모델 생산을 꿈꾸는 대부분 신흥국가에는 기적과도 같은 일로 받아들여진다. 실제 독자모델의 꿈을 가지고 있지만 엔진기술 내재화에 실패한 말레이시아의 프로톤, 프로듀아 같은 업체나 엔진기술 내재화를 꿈꾸나 여전히 해외의존도가 높은 중국의 로컬 업체들에 비해서는 앞선 기술력을 보유하고 있다는 것이 그나마 위안이다.

현대·기아차가 다른 메이커 대비 높은 평판을 얻고 있는 기술로는 NVH, 즉 Noise(소음), Vibration(진동), Harshness(노면충격)에 대한 뛰어난 차단기술을 꼽을 수 있다. 또 일찍이 택시나 장애인, 상업용 차량에 허용되었던 LPG 사용 허가로 인해 LPG 바이퓨얼(Bi-Fuel, 휘발유와 LPG 겸용)에 대한 기술력은 오랜 노하우를 축적해놓았다. 삼성, LG, SK의 높은 IT기술로 인해 카 인포테인먼트가 상대적으로 발달했다는 점과 세계 최고 기술의 배터리산업을 영위하고 있는 국가기에 가능한 높은 EV 잠재력 등을 꼽을 수 있다.

d. 이익의 누수가 없는 공급 체인

현대차그룹은 역사적으로 일괄공정에 대한 집착이 유달리 강했다. 특히 정주영 회장 때부터 자동차의 기초 소재가 되는 제철기술을 내재화하고 싶은 요구가 강했다. 그런 결과로 건설-제철-소재-가공-조립-모듈-생산-판매-금융-광고-A/S-중고차-물류에 걸친 모든 부문의 공급 체인을 갖게 된 것이다. 이러한 구조는 장점과 단점을 공통적으로 지닌

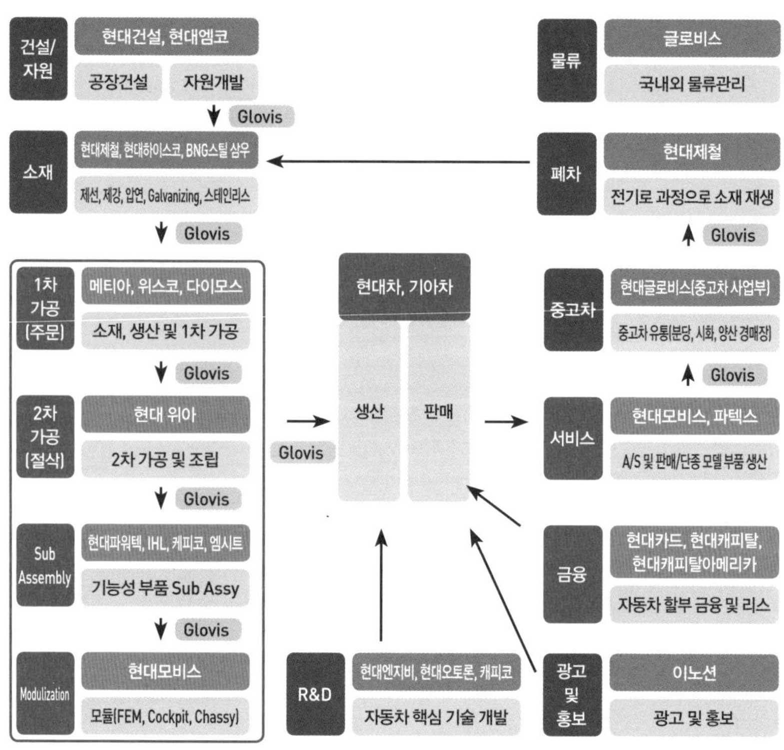

Fig 43

이익의 누수 없는 전후방 밸류체인

자료: 하이투자증권

다. 자동차에 특화된 제품만을 만드는 구조기 때문에 선택과 집중이라는 측면에서 긍정적 효과가 나타날 수 있다. 완성차에서 원하는 품질과 원하는 사양의 제품을 특화해서 만들 수 있기 때문이다. 반면 자동차 판매가 부진할 경우, 동반 부진을 면키 어렵다는 측면이 있다.

현대 생산방식 이해하기

현대 생산방식에 대해 상세하게 이해합니다.

현대차는 공장 가동률 측면에서 세계 최고의 경쟁력을 갖고 있습니다. 앞에서 살펴본 현대 생산방식의 성공적인 정착의 결과로 평가할 수 있습니다. 수직계열화와 아웃소싱의 적절한 활용, 즉 린 생산방식의 성공적인 수행이 없었다면 달성하기 어려울 것입니다. 현대차의 이런 능력은 출중한 것이므로 관련 내용들을 잘 살펴봐두시기 바랍니다. 또한 현대차의 공급 체인을 명확하게 이해해두시기 바랍니다. 각 단계별로 어떤 자회사가 그 역할을 수행하는지 정도는 쉽게 말할 수 있도록 숙지하시기 바랍니다.

저가 이미지 탈피라는 숙제

현대차의 소프트웨어적 요소는 여전히 빈약하다. 제조업 특유의 투박함과 후발주자로서의 한계다. 자동차 구매 시 고려사항 중 첫 번째가 브랜드지만 아직까지 현대차의 브랜드는 상대적으로 낮은 평가를 받고 있는 것이 사실이다. 표면상으로는 인터브랜드에서 발표하는 '2014 글로벌 100대 브랜드'에서 104억 달러(약 11조 원)의 브랜드 가치로 세계 40위 브랜드로 평가받고 있지만, 여전히 업력이나 정체성, 성능 면에서 높은 평가를 받지 못하고 있는 게 사실이다.

특히 글로벌 자동차 마니아들이나 전문가들로부터 타 브랜드 대비 상대적으로 저가 자동차로 분류되고 있다. 이를 타개하고자 디자인 정체성 확립, 사회공헌, 스포츠마케팅, 브랜드 광고 노출 등 많은 노력을 기울이고 있는 상황이다. 최근의 노력에도 불구하고 여전히 열세인 업력으로 인해 시간이 소요될 것으로 보인다.

멘토의 Tip ㊼   현대차의 브랜드 전략 생각해보기

현대차의 브랜드 전략에 대해 생각해봅시다.

현대차 브랜드는 그 자체만 보면 상당한 수준까지 도달해 있지만 명실상부한 글로벌 플레이어에 걸맞은 수준인가 하는 관점에서는 갈 길이 멀다고 해야 할 것입니다. 이런 점을 반영하여 회사로서도 브랜드 파워를 키우기 위한 다양한 전략과 노력을 기울이고 있을 것입니다. 또한 이런 전략을 수행해낼 수 있는 인재들에 대한 니즈도 그만큼 클 것이므로 여기에 자신이 잘 부합할 수 있도록 준비해보시기 바랍니다.

관련 자료 찾아보기 ㉚
검색 키워드, '브랜드 전략'

'브랜드 전략'을 키워드로 해서 관련 사례들을 다양하게 공부해보시기 바랍니다. 보통 회사가 성장을 위해 사업다각화 등으로 브랜드를 확장하게 되면 실패로 끝나는 경우가 대부분이라고 합니다. 그래서 경영의 가치를 당장의 수익 확장에 두느냐, 아니면 장기적인 브랜드 가치 제고에 두느냐의 문제는 모든 CEO의 고민이자 딜레마라고 합니다. 브랜드와 관련해서 알리스의 『브랜드 론칭 불변의 법칙』이 고전으로 통하지만, 국내 경영학 교수님들의 최근 저서들도 사례 중심으로 쉽게 쓰여 있으므로 참고하면 좋겠습니다.

재무지표상의 개선 과제

현대차의 재무구조는 글로벌 자동차회사 중 톱 클래스 수준이다. 현금 유보금액이나 부채비율, 유사시 사용할 수 있는 충당금 등이 매우 건전한 상황이다. 매년 벌어들이는 현금흐름Cashflow도 안정적이다. 2000년 중반에 동시다발적으로 진행했던 해외공장의 건설 덕분에 감가상각비 부담도 향후 크게 경감될 전망이다. 하지만 손익계산서에서 아쉬운 부분이 있다면 매출액 대비 연구개발비 비중이 규모에 비해 낮다는 점이다. 미래 기술에 관한 한 경쟁해야 할 업체가 기존 진영들뿐 아니라 IT업체 등 다양한 잠재 경쟁자들이 있는 만큼 기술에 대한 투

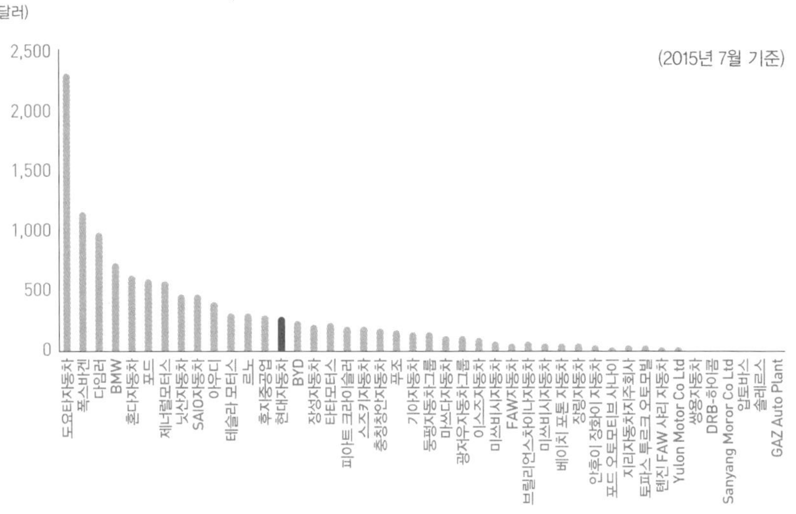

자는 아껴서는 안 될 것 같다. 또 현대모비스 - 현대차 - 기아차 - 현대모비스로 이어지는 삼각 순환출자구조로 인해 지분법평가이익이 서로 맞물려 있다는 점이 투자자들에게 당기순이익의 과다계상으로 받아들여질 수 있다. 즉 현대모비스의 현대차 지분만큼의 이익이 모비스의 지분법평가이익으로 인식되고, 현대차는 기아차를 지분법으로 인식하며, 기아차는 또 다시 모비스를 지분법으로 인식하며 서로 맞물려 있다. 결국 순환출자가 해소되기 전까지는 이 부분에 대한 부정적 인식이 존재할 수밖에 없는 것이다.

주요 섹터별 매출 규모 수준과 평가

국가	업체	판매대수(만 대)	매출액	영업이익	영업이익률(%)	비고
한국	현대	480.5	89,256	75,500	8.5	억 원
	기아	290.7	47,097	25,730	5.5	
미국	GM	992.5	155.9	15	1.0	억 달러
	Ford	632.3	144.1	48	3.3	
유럽	VW	1,013.7	199.9	125	6.3	억 유로
	BMW	211	79.7	86	10.8	
	Daimler	253.8	129.9	94	7.2	
	Renault	271.2	41.1	11	2.7	
	PSA	293.8	53.6	9	1.7	
	FCA	460.8	96.1	35	3.6	
일본	Toyota	1,023.1	26,685	25,510	9.6	억 엔
	Honda	435.5	12,390	7,050	5.7	
	Nissan	535.1	11,292	6,160	5.5	

자료: 블룸버그

문화:
현장에 답이 있다

현대의 기업문화를 이야기할 때 오너를 빼놓을 수 없습니다. 캔두이즘으로 대변되는 정주영부터, 품질경영의 정몽구, 브랜드경영 정의선까지 오너의 경영철학을 보면 현대차에 흐르는 정신을 그대로 엿볼 수 있습니다. 3세대에 이르기까지 각각 독창적인 키워드가 있지만 기저에 흐르는 공통점을 꼽으라면 바로 '현장'입니다. 현대차의 가로세로 속속들이 스며 있는 기업문화를 이해한다면, 자신이 어떤 태도와 관점을 견지해야 할지 알 수 있을 것입니다.

01

오너경영의 순기능을
그대로 보여준 집합체

창조적 정신, 불굴의 도전

현대그룹 정주영 회장과 현대차에 특화되었던 포니 정, 정세영 회장이 현대차의 실질적 창업자다. 많은 자서전과 현대그룹 관련 경영서적에서 이들의 다양한 경영철학을 발췌해놓았다. 하지만 1967년 현대차 설립 이후 포드와의 기술제휴와 독립, 최초 독자모델인 포니 생산, 해외수출 시작, 해외공장 설립, 기아차 합병 등 모든 과정에서 나타난 일관된 경영철학은 '창조적 정신'과 '불굴의 도전'으로 압축할 수 있다. 불굴의 도전은 쌀가게 배달원, 토건업, 운수업을 통해 자수성가한 정주영 회장의 인생철학이기도 하고, 한국 최초의 자동차공업이 태동될 때 병기, 병참, 군수 분야의 군경력자가 대부분이었던 까닭이기도 하다. 경쟁업체와의 100여 년이 넘는 역사적 간극을 단기간에 따라잡기 위해선 창조적 정신과 불굴의 도전 없이 힘들었을 것이다.

　이 두 경영철학은 상호영향을 끼칠 수밖에 없다. 무모한 독자모델 생산이란 '도전'을 시도했기에 이탈디자인^{Italdesign}의 거장인 조르제토 주지아로^{Giorgetto Giugiaro}에게 디자인을 맡기는 '창조적 발상'을 할 수 있었다. 서브프라임 위기 때 해외공장을 동시다발적으로 건설하는 '도전'을 했기에 'Hyundai Assurance Program'이라는 획기적 발상이 나온 것이다. 이런 경영철학의 실행력 관점에서 생각해볼 수 있는 것이 '현장경영'이다. 정주영, 정세영, 정몽구로 이어지는 오너경영인의 공통적 특성이 '현장에서 답을 찾는다'는 점이다.

멘토의 *Tip* 48　현대차의 도전정신과 경영철학 공부하기

현대차의 도전정신과 경영철학을 공부해봅시다.

현대차의 도전정신과 경영철학 부분은 보다 세밀한 이해가 요구되는 주제입니다. '현장경영'의 관점에서 자신의 역량과 소양, 그리고 도전 경험 등을 잘 정리해보시기 바랍니다. 채용과정에서 창업자의 경영철학은 곳곳에서 검증될 수밖에 없기 때문입니다.

개발도상국의 후발주자에서 세계 5위까지

현대차의 성공에 대해 호기심을 갖는 시각들이 많다. 개발도상국의 후발 자동차업체 중 글로벌 5위까지 올라온 사례가 없기 때문이다. 현대차의 성공 요소로 꼽을 수 있는 요소들은 다양하지만 가장 큰 것은 빠른 '학습능력'과 '추진력'이라 본다. 다르게 표현하면 후발주자임에도 불구하고 외국 기술로부터의 독립과 국산화를 빠르게 이루고, 이후 자립진화^{自立進化}시켜 나간 것이 성공의 핵심이다.

특히 엔진과 트랜스미션, 즉 파워트레인의 내재화, 국산화를 가장 큰 성공 요인으로 꼽을 수 있다. 미쓰비시로부터 엔진 기술을 받아왔지만, 이를 한국형 엔진으로 변화시키고 개량한 후, 독자적인 설계 단계까지 빠르게 진화한 것이다. 동일한 과정을 겪어 산업을 일구었던 개발도상국 업체들이 여전히 독립하지 못하고 있는 것과 분명 대조적인 모습이다.

트랜스미션 역시 대부분 업체들이 독일의 ZF나 일본의 아이신^{Aisin}으로부터 구매해 사용하지만, 현대차는 수동·자동 변속기와 무단변속기를 모두 국산화하는 데 성공했다. 이는 최근 클린디젤과 친환경차 기술(모터, 배터리, 인버터, 연료전지 등)의 동시다발적 진화에도 불구하고 전 범위에 걸친 내재화에서도 그대로 드러나고 있다.

플랫폼 통합과 모듈화에 있어서는 글로벌 업체와 대등하거나 속도가 더 빨랐다는 점도 성공 요소였다. 초기 수출 확대기의 품질 문제, 캐나다 브로몽 공장의 실패, 중국시장 초기 시장점유율 하락 등 몇 차

례의 불안한 실패 사례도 있었지만, 빠르게 전세를 되돌리는 대처 능력도 뛰어났다. 판단과 결정, 실행에서 빠른 속도가 있었기에 가능했던 것이다.

이외에도 성공 과정에서의 특징들을 발췌해보면 다음과 같다.

△파워트레인 내재화에 성공 △가격 대비 높은 성능 △수요-공급에 대한 높은 예측력으로 100% 가동률 유지 △무모하리만큼 적극적인 위기시장 공략 △최악의 시기에 투자를 결정한 역발상 전략 △모듈화와 플랫폼 통합의 빠른 실행 △충성도 높은 부품사들과의 협업Co-work △고유가 상황에서의 소형차 경쟁력 △세계 1위 시장 중국에서의 빠른 성장 △지역별 거점 현지공장으로 '규모의 경제' 실현 △신흥국 생산기지 확대 △지역 전략모델 개발 △연구·개발 및 디자인의 현지화 △지역특화 마케팅 등

'빠른 학습능력과 과감한 추진력'이라는 관점에서 자신을 되돌아봅시다.

현대차 성공의 촉매가 빠른 학습능력과 과감한 추진력이라면 자신은 어떤 학습능력과 추진력을 갖추고 있는지 자세하게 정리해보시기 바랍니다. 이를 현대차에 지원하는 자기소개서에 자신의 장단점 소개로 활용해봅시다. 평범한 장단점 소개가 아닌 자신만의 콘텐츠가 될 것입니다.

현대속도와 역발상 투자

도요타와 현대차를 비교할 때 가장 큰 차이로 거론되는 것이 의사결정의 속도다. 현대차의 의사결정이 빠른 이유는 오너의 카리스마적 경영 스타일 때문이다. 과정에서 머뭇거림이 없기 때문에 시간 낭비 없는 매우 빠른 의사결정이 가능하다. 전문경영인 체제하의 경쟁사에 비해 투자 결정도 매우 독특하게 이뤄진 경우가 많다. 이른바 '역발상 투자'다. 해외 투자 시 최악의 현지 경제환경, 판매여건에서 대규모 공장 진출을 결정한 경우가 많았기 때문이다. 최악의 경제환경에서 러시아공장 건설을 진행한 것이나 서브프라임 모기지 상황에서 대부분 공장이 폐쇄 결정을 내릴 때, 30만 대 규모의 기아차 조지아 공장을 건설한 것이 대표적인 경우다. 이때의 역발상 투자로 러시아 시장점유율이 1~2위까지 단숨에 올라갈 수 있었고, 미국은 현대·기아차 합산 5%의 시장점유율에서 곧바로 10%까지 올라가는 큰 도약을 이룬 바 있다.

하지만 행여 잘못된 직관으로 인해 실패할 수도 있다는 점은 동전의 양면일 수 있다. 반면 도요타는 과정상의 숙고로 인해 실수를 줄일 수 있다는 장점에도 불구, 판단과정에서의 지연으로 사업의 기회를 놓칠 수 있다는 단점이 존재한다. 현대차는 성장과정에서 빠른 의사결정과 강한 실행능력이 큰 장점으로 부각되었지만, 1,000만 대 생산능력의 거대 기업으로선 보다 숙고하는 과정이 필요할 것으로 보인다.

현대차 러시아 공장의 역발상 전략 – 러시아 경제위기 때 공장 건설

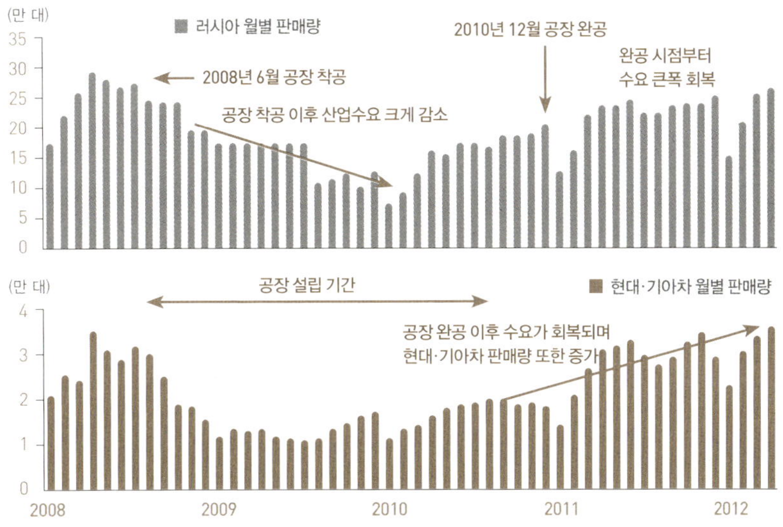

기아차 미국 조지아 공장의 역발상 전략 – 서브프라임 모기지 위기 때 공장 건설

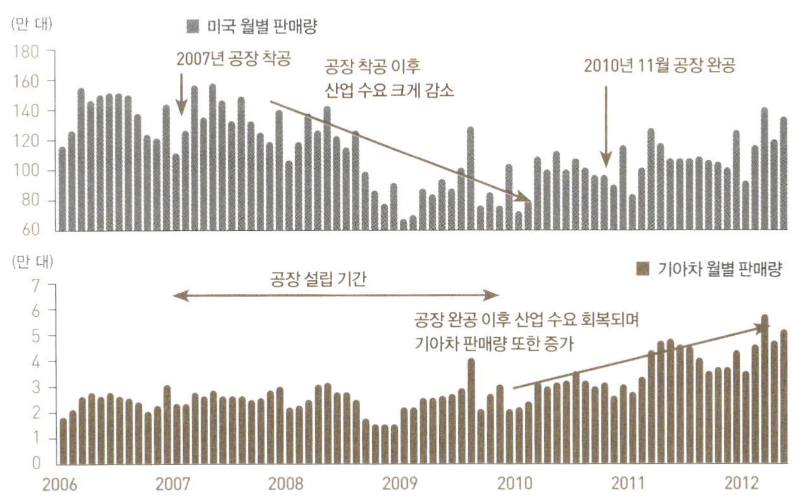

실패 사례와 교훈

현대차의 성장과정에서 대표적 실패로 분류되는 캐나다 브르몽 공장의 경우, 가성비에 대한 자신감과 당시 시장의 폭발적 호응으로 인해 진출했다. 1986년부터 미국 수출에 들어간 액셀이 연간 17만 대나 팔리는 '액셀 신화'를 연출했기 때문이다. 이 성공에 고무되어 캐나다에 현지공장을 건설했던 것이다.

하지만 가격이 일본 브랜드보다 낮은 것은 사실이었지만 내구성과 품질에서 소비자들의 기대 수준을 하회했다. 뿐만 아니라 부품의 현지화 비율이 낮고 한국에서의 CKD 비중이 높아 원가율이 높아진다는 문제가 있었다. 또 경제위기에 대한 사전 예측에 실패하며 가동률이 20%를 하회하는 최악의 부진을 겪어야 했고, 마침내 공장 폐쇄를 결정하게 된다. 소비자와 시장에 대한 철저한 조사과정이 아쉬웠던 실패 사례가 된 것이다.

또 최근 들어 거론되는 것이 PYL 마케팅 실패다. 진부한 동력성능과 다양성이 결여된 디자인의 차만 만든다는 비난에 시달리던 현대차가 젊은 소비자들을 위해 튀는 디자인과 모델을 내놓은 것이 바로 PYL로 대표되는 벨로스터, i30, i40 세 차종의 론칭이었다. 하지만 아쉬운 동력성능과 애매한 포지셔닝으로 시장 개척에 실패했다는 평가를 듣고 있다. 역시 소비자와 시장에 대한 예측에 아쉬움이 남는 사례다.

하지만 판매량은 부진했으나 새롭고 다양한 시도를 했다는 점, i 시리즈의 경우 유럽이 전략적 시장이라는 점에서 100% 실패라고 볼 수 없다는 시각도 존재한다. 향후 차별화된 동력성능을 입은 고성능차로 재탄생할 가능성도 높아 실패를 속단하기는 이른 면이 있다.

결국 숙고熟考의 부재가 대부분 실패의 원인이다. 깊게 고민하되, 현대차만의 장점인 빠른 속도를 병행한다면 실패의 빈도를 낮출 수 있고, 지속성장이 가능할 것이라 판단된다.

멘토의 Tip ㊿ **실패를 통한 교훈과 시사점 생각해보기**

현대차의 실패 스토리에서 얻어야 할 교훈과 시사점을 생각해 봅시다.

현대차에도 실패 사례들이 존재합니다. 실패에서 어떤 교훈과 시사점을 얻어야 하는지 잘 살펴보시기 바랍니다. 또한 현대차가 참고할 만한 여타 기업들의 사례는 없는지 한번 살펴보시기 바랍니다.

관련 자료 찾아보기 ㊴
검색 키워드, '제네시스 4행시 짓기', '포르쉐, 백만 번 감사합니다' 

현대차 입장에서는 다소 아쉬운 마케팅 사례로 2013년 진행했던 '제네시스로 4행시 짓기' 이벤트가 있습니다. 안티 팬들이 대거 참여하면서 원래 의도와는 다른 방향으로 가버렸다는 평가를 많이 받았습니다. 이와 유사한 이벤트를 2011년 독일 포르쉐가 페이스북과 함께 했는데, '백만 번 감사합니다'라는 이벤트였습니다. 페이스북에 후원하는 회원 100만 명의 명단을 모두 승용차 표면에 적어 포르쉐 박물관에 전시한 것이었는데 큰 호평을 받았습니다. 유독 국내에 많은 안티 팬 문제를 고려하지 않을 수 없는 현대차에게 어떤 시사점이 있는지 생각해보시기 바랍니다.

고객과 소통으로 이동하는 기업문화

품질과 안전을 향한 강력한 카리스마 경영 체제

많은 그룹사들 중 유독 현대그룹은 창업주 정주영 회장의 카리스마가 가장 큰 성공 요소로 평가된다. 창업주가 회사의 나아갈 방향을 직접 제시하고 현장에서 직접 강하게 푸시하는 경영 스타일을 보였기 때문이다. 많은 형제들의 협업으로 그룹이 커왔던 까닭에 가부장적이고 혈연 중심의 조직문화가 형성될 수밖에 없었다.

이런 경영 스타일은 정몽구 회장에게도 그대로 이어지고 있다. 품질경영의 화두를 던지고 초지일관 강력한 드라이브를 거는 것이나, 수시인사를 통해 임원들을 상시 긴장 체제로 유지시키는 것도 총수의 카리스마를 강화시키는 부분이다.

이러한 생각을 더 굳게 만든 사건이 2006년 정몽구 회장 구속 이후 펼쳐진 이른바, '옥중경영'이다. 의사결정에 어려움을 느낀 임원들의 혼란이 심해지자, 옥중경영을 선언하고 다시 컨트롤 타워로서 중심을 잡았던 것이다. 이런 측면에선 현대차는 강력한 카리스마, 즉 개인기가 부각되는 기업문화라고 얘기할 수 있다. 하지만 오너의 지시에 마치 군대처럼 일사불란하게 움직여야 하고, 4만여 명이 넘는 현대차 직원들을 한 방향으로 이끌기 위해선 조직과 시스템이 중심이 될 수밖에 없다. 특히 수백 개가 넘는 현대차그룹의 해외 법인들을 경영 목표에 맞춰 끌고 나가기 위해선 글로벌 표준에 부합한 시스템이 없어서는 안 된다. 공장 건설부터 라인 운영, 교육 시스템, 균일한 품질 기준, 원·부자재 규격 등 시스템 없이는 영위될 수 없는 것들이 너무 많은 것이 자동차 비즈니스기 때문이다.

자소서 작성 시 조직 관점에서 자신의 재능이나 역량을 보여줄 수 있는 전략을 고민해봅시다.

현대차는 철저한 조직 중심 기업입니다. 개인의 능력을 무시한다는 것이 아니라 개인마다의 고유한 지식과 재능을 하나의 조직 위에 유기적으로 움직이도록 한다는 것입니다. 따라서 자소서를 작성할 때도 자신의 재능이나 역량이 조직 관점에서 어떻게 조화가 될 수 있고 또한 조직 성장에 기여할 수 있는지에 대해 심도 있게 생각해보시기 바랍니다.

최근 두드러진 인문학 접목 현상

현대차의 설계, 제조 기술은 유럽, 미국, 일본을 어느 정도 따라잡았다는 평가를 내릴 수 있다. 하지만 자동차 구매요건 중 1위를 차지하는 브랜드 가치에 있어서는 후발주자의 한계를 넘어서기 힘들다. 가성비가 더 이상 현대차의 차별화를 만들어내지 못하고 있어, 고부가가치 차종의 개발 혹은 럭셔리 브랜드의 별도 론칭이 요구되고 있다. 결국 브랜드 가치를 높이는 것이 향후 현대차의 나아갈 방향일 수밖에 없는 것이다.

'모던 프리미엄Modern premium'이라는 브랜드 정체성과 '플루이딕 스컬프처Fluidic sculpture'라는 디자인 정체성을 확립하는 데도 인문학적 요소가 많이 가미되었다. '모던 프리미엄'은 '대중 브랜드임에도 불구하고 합리적 가격에 고객들에게 현대차만의 특별한 경험과 가치를 전달해 자부심과 감동을 선사한다'는 의미로 만들어진 개념이다. 고객의 니즈를 파악하고 가장 차별화될 수 있는 요소를 인문학적으로 찾아낸 것이다. 또 '플루이딕 스컬프처'라는 디자인 코드도 한국적 '곡선의 미'가 모티브가 되어 만들어진 개념이다. 외국인 디자이너들에게 한국의 미를 가장 잘 보여줄 수 있는 가치를 찾게끔 해서 나온 결과물인 것이다. 지금까지 현대차가 단순히 제품과 서비스, 품질을 강조해왔다면 이제는 '가치'로 글로벌 고객들에게 검증을 받지 못하면 성장이 멈출 수밖에 없다.

만들면 무조건 팔리는 시대는 끝났다. 이젠 고객을 이해하지 않으면 언제든 도태되는 시대가 되어버렸다. 인문학과 경영의 결합은 필연적일 수밖에 없는 이유다. 현대차의 직원 교육에 있어서도 최근 두드러진 인문학 접목 현상을 찾아볼 수 있다. 인재경영을 위해 리뉴얼한 마북캠퍼스의 대표 프로그램은 '뉴 챌린지 프로그램'이다. 그룹 차원의 창의적 조직문화를 조성하기 위해 제1단계 '촉발(2011년~)', 제2단계 '확산(2012년~)', 제3단계 '정착(2013년~)' 등 3단계로 진행되며, 8가지 창의 프로젝트를 포함해 직원들을 교육한다. 뿐만 아니라 사내 인문학 콘서트를 활발히 진행하고 있다. 인문학 콘서트의 가장 큰 목표는 인문예술적 상상력을 자극, 업무와 일상에 적용할 수 있는 새로운 통찰력을 제공하는 것이다. 특히 이공계 출신들이 많은 연구소에서 창의성에 대한 새로운 고민을 제공하는 데도 인문학의 역할이 크다.

멘토의 Tip 52 자신의 통찰력을 무엇으로 보여줄지 고민해보기

자신의 통찰력에 대해 고민해봅시다.

현대차는 문사철文史哲을 중시하는 기업문화를 갖고 있습니다. 역사에세이를 직무적성 시험에 포함하고 있는 것만 봐도 그렇습니다. 일의 본질을 꿰뚫어 보는 '통찰력'을 그만큼 중시한다는 것이므로 자신의 통찰력을 무엇으로 보여줄 수 있을지 찬찬히 생각해보시기 바랍니다.

1세대부터 3세대까지, 최고경영자의 핵심 가치

'해봤어?'로 대변되는 '캔두이즘Candoism'이 정주영 명예회장의 핵심 가치라면, 정몽구 회장의 핵심 가치는 '품질'로 말할 수 있다. 정주영, 정세영 1대 경영자들이 창업의 가치로 캔두이즘과 불굴의 도전, 창조적 정신을 강하게 내세워 회사를 설립하고 국산화를 앞당겼다면, 2대에선 지속적인 성장을 위해 품질경영, 뚝심경영, 현장경영, 역발상경영 등 지키고 키우는 경영전략을 앞세웠다. 정몽구 회장의 품질경영과 글로벌 현장경영이 현대그룹의 일부였던 현대차를 재계 순위 2위까지 끌어올린 것이다.

같은 시기 한국의 대부분 경쟁 업체들이 무너졌음을 기억해보면, 창업세대의 눈부신 공로에도 불구, 2세대의 '수성 및 성장 전략'이 없었다면 글로벌 기업으로서 위상이 지금같지 않을 수 있었단 뜻이다. 특히 IMF와 서브프라임 모기지를 비롯한 글로벌 경제위기를 거치면서 사세를 더욱 확장시키는 역발상 전략은 현대차그룹의 가장 강력한 DNA가 되었다.

3세대에 가서는 고성능화와 친환경, 스마트카 출시와 럭셔리 브랜드 도입, 브랜드 가치의 획기적 개선 등이 요구될 수밖에 없다. 양산 메이커로서 가성비 콘셉트에 한계를 보이고 있어 성능을 획기적으로 개선시키지 않으면 더 이상 가격을 높일 수 없는 상황이기 때문이다.

자동차 성능의 향상 없는 브랜드 상향도 현재 한계를 맞이하고 있다. 친환경, 스마트 차량에 대한 경쟁력은 영속기업으로서의 필수 조건이 되어버렸다. 3세대 경영은 각국의 친환경규제라는 새로운 환경에서 펼쳐져야 하기 때문이다. 1세대와 2세대를 거치면서 가장 우려되는 것이 앞만 보고 달려온 저돌적인 경영 스타일로 인해 적지 않은 반현대 정서를 양태해왔다는 점이다. 3세대는 고객우선, 소통의 경영에 대한 요구가 거셀 것이다. 정의선 부회장이 최고의 핵심 가치로 삼아야 할 명제들은 이미 정해져 있다는 생각이다.

Fig 48

현대차그룹의 세대별 경영인과 그 특징

구분	1세대	2세대	3세대
경영인	정주영	정몽구	정의선
핵심 키워드	Candoism	품질경영	브랜드경영
	창조적 정신	뚝심경영	친환경, 스마트 경영
	불굴의 도전	현장경영	소통의 경영
	맨주먹 리더십	역발상경영	역발상, 고객우선 경영

자료: 하이투자증권

바로취업 시리즈 ❷